四十二式太极剑

本社编

人民体育出版社

图书在版编目（CIP）数据

四十二式太极剑/人民体育出版社编.-北京：人民体育出版社，2007（2020.7.重印）
ISBN 978-7-5009-3174-4

Ⅰ.①四… Ⅱ.①人… Ⅲ.①剑术（武术）-基本知识-中国 Ⅳ.①G852.24

中国版本图书馆 CIP 数据核字（2007）第 054097 号

*

人民体育出版社出版发行
北京建宏印刷有限公司印刷
新 华 书 店 经 销

*

850×1168 32开本 4.125印张 70千字
2007年8月第1版 2020年7月第6次印刷
印数：19,001—19,800册

*

ISBN 978-7-5009-3174-4
定价：28.00元

社址：北京市东城区体育馆路8号（天坛公园东门）
电话：67151482（发行部） 邮编：100061
传真：67151483 邮购：67118491
网址：www.sportspublish.cn

（购买本社图书，如遇有缺损页可与邮购部联系）

目 录

一、四十二式太极剑简介 ……………………（ 1 ）

二、四十二式太极剑基本动作介绍 ………（ 2 ）

三、四十二式太极剑基本剑法介绍 ………（ 9 ）

四、四十二式太极剑动作名称 ……………（ 14 ）

五、四十二式太极剑动作图解 ……………（ 16 ）

六、四十二式太极剑动作路线示意图 ……（109）

七、四十二式太极剑连续动作图 …………（110）

一、四十二式太极剑简介

四十二式太极剑竞赛套路是国家体委武术研究院继陈、杨、吴、孙四式太极拳和四十二式太极拳竞赛套路以后,制定的一套具有太极特色的剑术,它以传统杨式太极剑为蓝本,兼收并蓄各个流派的太极剑创编而成。

四十二式太极剑共有42个动作、18种剑法、5种步型、3种平衡、3种腿法、3种发劲动作,在演练的时间上也符合太极剑竞赛规则规定的3-4分钟。其内容充实、风格突出、动作规范、结构严谨、布局合理,并且有一定的难度,是全国性的比赛采用的竞赛套路,在国外亦为武术联盟举办的亚洲和世界锦标赛所采用,成为太极剑套路的主流。现在四十二式太极剑不仅是国家正式比赛项目,适合于运动员、教练员和有一定基础的爱好者练习,而且因其动作优美潇洒、运动量适中,具有显著的怡情和健身功效,已经在国内外迅速普及推广,受到许多太极剑爱好者的欢迎。

二、四十二式太极剑基本动作介绍

(一) 手型

太极剑的手型主要是剑指：中指与食指伸直并拢，其余三指屈于手心，拇指压在无名指和小指的第一指节上。

(二) 步型

1. 弓步

前腿全脚着地，脚尖朝前，屈膝前弓，膝部不得超过脚尖；后腿自然伸直，脚尖斜向前方，全脚着地；两脚横向距离10~20厘米。

2. 马步

两脚左右开立，约为脚长的3倍；脚尖正对前方，屈膝半蹲。

3. 虚步

一腿屈膝下蹲，全脚着地，脚尖斜向前 45°；另一腿微屈，以前脚掌或脚跟点于身前。

4. 仆步

一腿屈膝全蹲，膝与脚尖稍外展；另一腿自然伸直，平铺接近地面，脚尖内扣，两脚全脚着地。

5. 丁步

一腿屈膝半蹲，全脚着地；另一腿屈膝，以前脚掌或脚尖点于支撑腿脚内侧。

6. 歇步

两腿交叉屈膝半蹲；前脚尖外展，全脚着地；后脚尖朝前，膝部附于前腿外侧，脚跟离地，臀部接近脚跟。

7. 独立步

一腿自然直立，支撑站稳；另一腿在体前或体侧屈膝提起，高于腰部，小腿自然下垂。

8. 平行步

两脚分开，脚尖朝前，屈膝下蹲，两脚外缘同肩宽。

（三）步法

1. 上步
后脚向前一步或前脚向前半步。

2. 退步
前脚后退一步。

3. 撤步
前脚或后脚退半步。

4. 盖步
一脚经支撑脚前横落。

5. 插步
一脚经支撑脚后横落。

6. 跳步
前脚蹬地跳起；后脚前摆落地。

7. 行步
腿微屈，两脚连续上步，步幅均匀，重心平稳。

8. 摆步
上步落地时脚尖外摆，与后脚成八字。

9. 扣步

上步落地时脚尖内扣,与后脚成八字。

10. 跟步

后脚向前跟进半步。

11. 碾步

以脚跟为轴,脚尖外展或内扣,或以前脚掌为轴,脚跟外展。

太极剑对步法的要求与太极拳基本相同。各种步法要求做到转换进退虚实分明、轻灵稳健。前进时,脚跟先着地;后退时,前脚掌先着地,不可重滞突然。重心移动平稳、均匀、清楚。两脚距离和跨度要适当,脚掌和脚跟碾转要合度。膝部要松活自然。直腿时,膝部不可僵挺。

(四) 腿法

1. 蹬脚

支撑腿微屈站稳;另一腿屈膝提起,勾脚,以脚跟为力点慢慢蹬出,腿自然伸直,脚高过腰部。

2. 分脚

支撑腿微屈站稳;另一腿屈膝提起,然后小腿上摆，腿自然伸直，脚面展平，高过腰部。

3. 摆腿

支撑腿微屈站稳；另一腿从异侧摆起，经胸前向外摆动，脚面展平，不得低于肩。

4. 震脚

支撑腿微屈；另一腿提起，以全脚掌向地面踏震，劲须松沉。

5. 后举腿

支撑腿微屈站稳；另一腿在身后向异侧方屈举，脚面自然展平，脚掌朝上；上体稍侧倾，并向举腿方向拧腰。

以上各种腿法均要支撑稳定，膝关节不可僵挺；上体维持中正，不可前俯后仰或左右歪斜。

（五）身型

1. 头

向上虚虚领起，下颌微内收，不可偏歪或摇摆。

2. 颈

自然竖直，肌肉不可紧张。

3. 肩

保持松沉,不可耸起,也不可后张或前扣。

4. 肘

自然下坠,不可僵直、外翻或扬起。

5. 胸

舒松自然,不要外挺,也不要故意内缩。

6. 背

自然放松,舒展拔伸,不可弓背。

7. 腰

自然放松,不可后弓或前挺;运转要灵活,以腰为轴带动手足。

8. 脊

保持正直,不可左歪右斜、前挺后弓。

9. 臀、胯

臀要注意敛收,不可向后凸出或摇摆;胯要松、缩、正,不可向左右凸出、歪扭。

10. 膝

伸屈要柔和自然。

(六) 身法

总的要求是：端正自然，不偏不倚，舒展大方，旋转松活；不可僵滞浮软、忽起忽落；动作要以腰为轴，带动上下，完整贯串。

(七) 眼法

定势时，眼看前方或看剑指或剑；换势运转时，要做到精神贯注，势动神随，神态自然。

三、四十二式太极剑基本剑法介绍

剑，由剑身、剑格、剑柄、剑首等部分构成。剑身又分剑尖、剑刃和剑脊（图示）。剑的长度，以直臂垂肘反手持剑的姿势为准，剑尖不得低于本人的耳上端。剑可带剑穗。剑的重量、穗的长短不限。

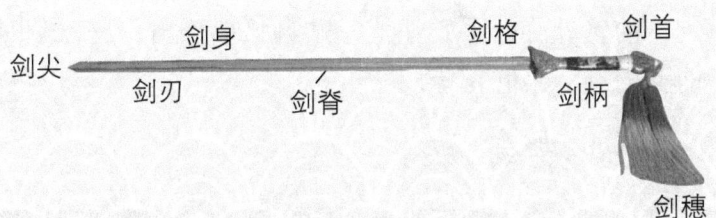

握剑的方法分为持剑和握剑两种：

持剑。掌心贴近剑格，食指伸直按于剑柄，拇指为一侧，其余三指为另一侧，直腕，手指扣握剑柄，剑脊贴近前臂。

握剑。拇指为一侧，其余四指为另一侧，握拢剑柄，虎口靠近剑格，须与剑刃相对。运动时，五指松握剑柄，手心要松空，使剑在手中灵活运转。

下面结合本套路介绍其主要剑法：

（一）点剑

立剑，提腕，使剑尖由上向前下，臂自然伸直，力达剑锋。

（二）崩剑

立剑，沉腕，使剑尖向上，发力于腕，力达剑锋。

（三）撩剑

立剑，由下向前上方为撩，力达剑身前部为正撩剑，前臂外旋，手心朝上，贴身弧形撩出；反撩剑时前臂内旋，余同正撩。

（四）劈剑

立剑，自上向下为劈，力达剑身。抡劈剑则须将剑抡一立圆，然后向前下劈。

（五）刺剑

立剑或平剑，向前直出为刺，力达剑尖，臂与剑成一直线。平刺剑，高与肩平；上刺剑，剑尖高与头平；下刺剑，剑尖高与膝平；探刺剑，臂内旋使手心朝外，经肩上侧向前上方或下方立剑刺出。

（六）拦剑

左拦剑：立剑，臂内旋，由左下向右前方斜出，腕与头平，剑尖朝左前下，力达剑刃。

右拦剑：立剑，臂外旋，由右下向左前方斜出，剑尖朝右前下，余同左拦剑。

（七）挂剑

立剑，剑尖由前向下、向同侧或异侧后方贴身挂出，力达剑身前部。

（八）托剑

立剑，剑身平置，由下向上为托。手心朝里，腕与头平，力达剑身中部。

（九）绞剑

平剑，自胸前逆时针向前划弧一周，再收于胸前，手心朝上，剑尖朝前，力达剑身前部。

（十）削剑

平剑，自异侧下方经胸前向同侧前上方斜出为削，手心斜向上，剑尖略高于头。

(十一) 压剑

平剑，手心朝下，向下为压，剑尖朝前。

(十二) 云剑

平剑，在头前方平圆绕环为云。

(十三) 抹剑

平剑，从一侧经前弧形向另一侧回抽为抹，腕与胸平，剑尖朝异侧前方，力达剑身。

(十四) 截剑

剑身斜向上或斜向下为截，力达剑身前部。上截剑斜向上，下截剑斜向下，后截剑斜向右后下方。

(十五) 带剑

平剑，由前向左或右屈臂回抽为带，腕高不过胸，剑尖斜朝前，力达剑身。

(十六) 斩剑

平剑，向右横出，高度在头与肩之间为斩，力达剑身。

(十七) 架剑

立剑，横向上为架，剑高过头，力达剑身，手心朝外。

以上各种剑法均要做到：剑法清楚，劲力顺达，力点准确，身剑协调，方法正确。

四、四十二式太极剑动作名称

预备势

（一）起势　　　　　　（二）并步点剑

（三）弓步削剑　　　　（四）提膝劈剑

（五）左弓步拦　　　　（六）左虚步撩

（七）右弓步撩　　　　（八）提膝捧剑

（九）蹬脚前刺　　　　（一〇）跳步平刺

（一一）转身下刺　　　（一二）弓步平斩

（一三）弓步崩剑　　　（一四）歇步压剑

（一五）进步绞剑　　　（一六）提膝上刺

（一七）虚步下截　　　（一八）右左平带

（一九）弓步劈剑　　　（二〇）丁步托剑

（二一）分脚后点　　　（二二）仆步穿剑（右）

四、四十二式太极剑动作名称

（二三）蹬脚架剑（左）　（二四）提膝点剑

（二五）仆步横扫（左）　（二六）弓步下截（右、左）

（二七）弓步下刺　　　　（二八）右左云抹

（二九）右弓步劈　　　　（三〇）后举腿架剑

（三一）丁步点剑　　　　（三二）马步推剑

（三三）独立上托　　　　（三四）挂剑前点

（三五）歇步崩剑　　　　（三六）弓步反刺

（三七）转身下刺　　　　（三八）提膝提剑

（三九）行步穿剑　　　　（四〇）摆腿架剑

（四一）弓步直刺　　　　（四二）收势

五、四十二式太极剑动作图解

预备势

两脚并拢，脚尖朝前；畅胸舒背，身体直立；两臂自然垂于身体两侧，右手成剑指，手心朝里，左手持剑，手心朝后，剑身竖直贴靠在左前臂后面，剑尖朝上；目视前方。（图1）

图1

要点：头颈自然竖直，下颌微收，上体保持自然，不可挺胸收腹。两肩臂要自然松沉。剑刃不可触及身体。精神要集中。

（一）起势

① 左脚提起向左迈半步，与肩同宽，身体重心在两腿中间；同时，两臂微屈略内旋，两手距身体约10厘米；目视前方。（图2）

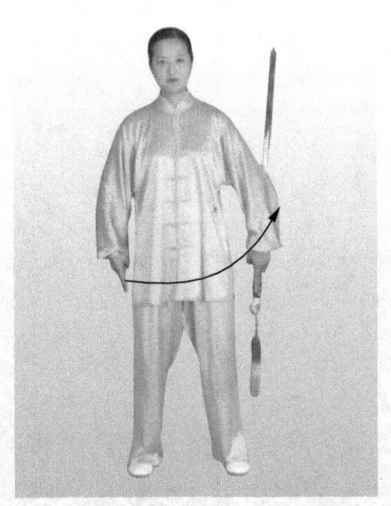

图2

② 两臂自然伸直，向左前方摆举至与肩平，手心朝下；上体略左转再微右转；随转体右手剑指右摆，至右前方后屈肘向下划弧至腹前，手心朝上；

左手持剑，右摆后屈肘置于体前，腕同肩高，手心朝下，两手心相对；同时，重心左移，左腿屈膝半蹲，右脚收提至左脚内侧（脚不触地）；目视右前方。（图3、图4）

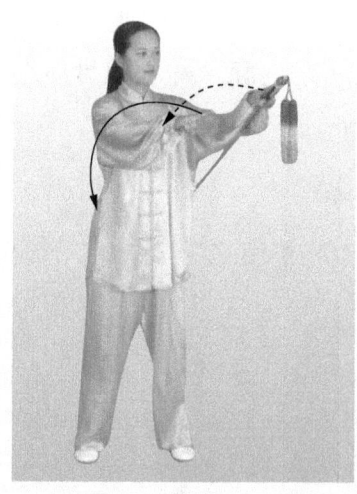

图3

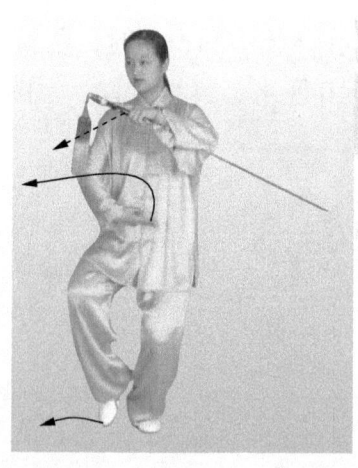

图4

③ 右脚向右前方（约45°）上步，随身体重心前移成右弓步；同时，右手剑指经左臂下向前上方摆举，臂微屈，腕同肩高，手心斜朝上；左手持剑附于右前臂内侧（剑柄在右前臂上方），手心朝下；继而，身体重心移向右腿，左脚跟至右脚内侧后方，脚尖点地；同时，右手剑指向右前方伸送；左手持剑屈肘置于右胸前，手心朝下；目视剑指方向。（图5、图6）

五、四十二式太极剑动作图解

图 5

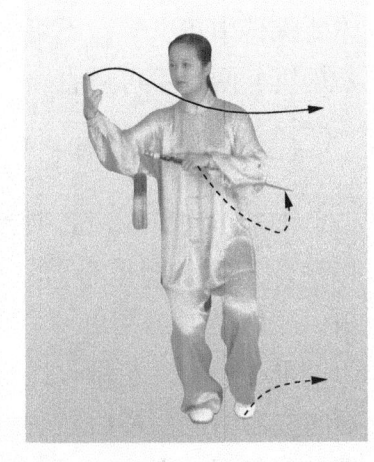

图 6

④ 重心左移，右脚尖内扣，身体左转（约90°），左脚向左前方上步，成左弓步；同时，左手持剑，经膝前向左划弧搂至左胯旁，臂微屈，手心朝后，剑身竖直，剑尖朝上；右手剑指屈肘经右耳旁向前指出，手心斜朝前，指尖朝上，腕同肩高；目视前方。（图7）

图 7

19

要点：两手摆举转换要与重心移动协调配合，上体要保持中正安舒，不可左右摇摆或前俯后仰。两肩要松沉，两臂不可僵直。

（二）并步点剑

① 重心前移，右脚经左脚内侧向右前方（约45°）上步，随重心前移成右弓步；同时，左手持剑，经胸前向前穿出至右腕上（剑柄贴靠左腕）；继而，重心前移，左脚收提至右脚内侧；同时，两手分别向左右两侧摆举后屈肘向下划弧置于胯旁，手心均朝下；目视前方。（图8、图9）

图8

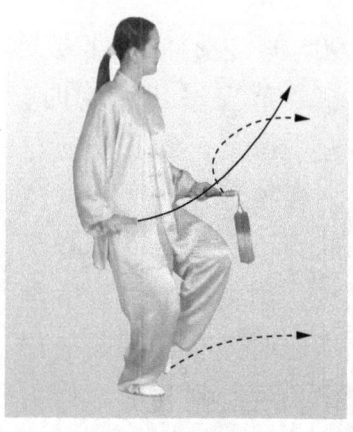

图9

20

② 左脚向左前方（约45°）上步，随重心前移成左弓步；同时，两手侧分摆举，略高于肩后向前划弧于体前相合，左手在外，高与胸齐，手心朝外，臂呈弧形，剑身贴靠左前臂，剑尖斜朝后，右手虎口对剑柄准备接剑；目视前方。（图10）

图10

③ 身体重心前移，右脚向左脚并步，屈膝半蹲；同时，右手接握剑柄，随以腕关节为轴，使剑尖由身体左后方经上向前划弧，至腕与胸高时，提腕使剑尖向前下方点剑，左手变剑指附于右腕内侧；目视剑尖方向。（图11）

要点：两手侧分摆举划弧与成弓步要协调一致，两臂不要僵挺。右手接剑时动作要自然，勿停顿。点剑时，两肩要保持松沉，上体正直，不可耸肩、拱背或凸臀，劲注剑尖。

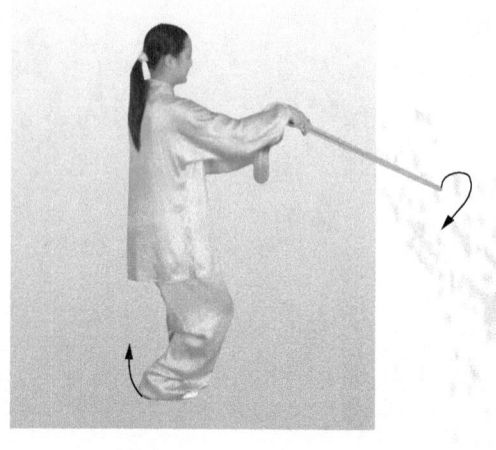

图 11

（三）弓步削剑

① 身体重心移至左腿，右脚跟提起；同时，右手握剑，沉腕，变手心朝上，使剑尖划一小弧指向左下方；左臂屈肘，左手剑指附于右前臂内侧，手心朝右，指尖朝上；目视剑尖方向。（图12）

② 右脚向右后方撤步，前脚掌着地而后全脚踏实，随身体重心右移，左脚内扣，右脚外摆，右腿屈膝成弓步，身体右转（约180°）；同时，右手握剑，随转体向右上方斜削，腕同肩高；左手剑指左摆置于胯旁，手心斜朝下，指尖朝前；目视剑尖方向。（图13）

五、四十二式太极剑动作图解

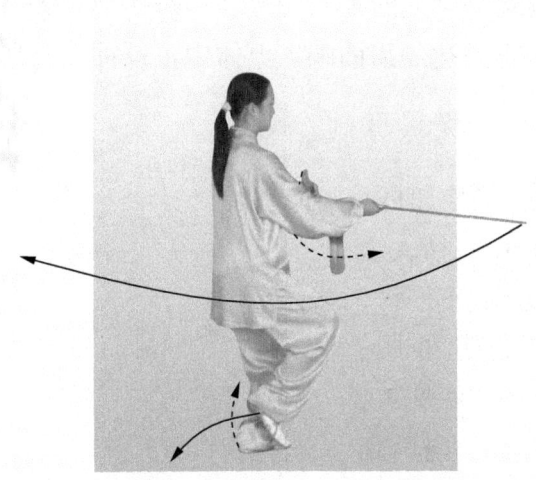

图 12

图 13

要点：削剑时要与转腰、弓步协调一致，以腰带臂使剑重力达剑刃前端。上体中正，神态自然。

（四）提膝劈剑

① 左腿屈膝，身体重心后移，上体随之略向右转，右脚尖翘起外摆；同时，右手握剑，屈肘向右、向后划弧至体右后方，手心朝上，腕略高于腰；左手剑指向前、向右划弧摆至右肩前，手心斜朝下；目随视剑尖。（图14）

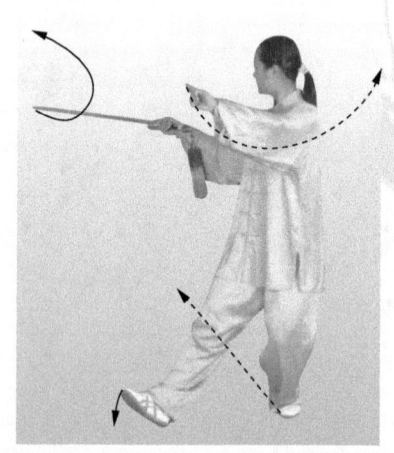

图 14

② 身体略向左转，重心前移；右脚掌踏实，右腿自然直立，左腿屈膝提起成右独立势；同时，右手握剑向前劈出，剑、臂平直；左手剑指经下向左划弧摆举至与肩平，手心朝外，指尖朝前；目视剑尖。（图15）

要点：身体左右转动要与两臂动作协调一致。提膝独立要与劈剑协调一致。劲贯剑身下刃。

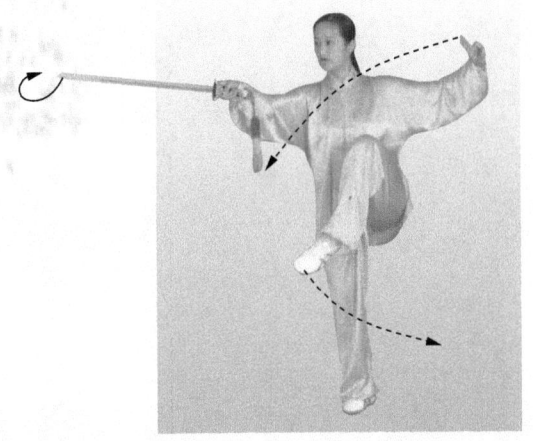

图 15

（五）左弓步拦

① 右腿屈膝半蹲，左脚向左后落步，前脚掌着地而后全脚掌踏实；同时，右手握剑，以腕关节为轴使剑尖在体前顺时针划一圆弧；左手剑指附于右前臂内侧，手心朝下；目视剑尖方向。（图16）

② 身体左转约 90°，随重心左移，右脚内扣，左脚外摆成左弓步；同时，右手握剑，随转体经下向左前方划弧拦出，手心斜朝上，腕同胸高；左手剑指经下向左、向上划弧，臂呈弧形举于头前上方，手心斜朝上；目视剑尖方向。（图17）

图 16

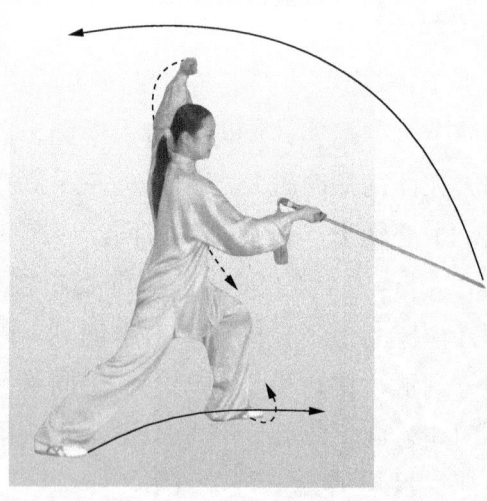

图 17

要点：身体转动与剑绕环要协调一致。弓步时上体不可前俯。

(六) 左虚步撩

① 右腿屈膝，重心稍后移，左脚尖翘起并稍外展，上体左转，继而，随重心前移左脚落地踏实，上体略右转，右脚向右前方上步，脚跟着地；同时，右手握剑，随转体屈肘向上、向左划弧至左胯旁，手心朝里，剑尖斜朝后上方；左手剑指下落附于右腕部；目视剑尖方向。（图18）

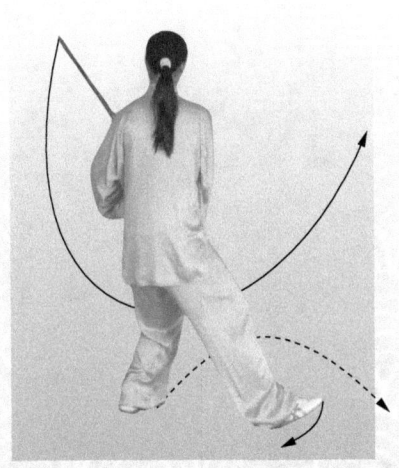

图 18

② 身体右转；右脚尖外展，随重心前移落地踏实，右腿屈膝半蹲，左脚向左前方上步成左虚步；同时，右手握剑，剑刃领先经后向下、向左前上方立圆撩架至头前上方，臂微屈，手心朝外，剑尖略低于手；左手剑指附于右腕部；目视左前方。（图19）

要点：剑向左后绕环要与身体转换协调一致，向前撩剑要与迈左步协调一致，整个动作要连贯圆活。

图 19

（七）右弓步撩

① 身体略向右转，左脚向左上步，脚跟着地；同时，右手握剑向上、向右划弧至身体右上方，腕稍

低于肩，臂微屈，剑尖朝右上方；左手剑指屈肘落于右肩前，手心斜朝下；目视剑尖方向。（图20）

图20

② 身体左转，随重心移至左腿，左脚尖外展落地踏实，继而右脚向前上步，随重心前移成右弓步；同时，右手握剑，经下向前立剑撩出，腕同肩高，手心斜向上，剑尖斜向下；左手剑指向下、向左上方划弧，臂呈弧形举于头上方，手心斜朝上；目视剑尖方向。（图21）

要点：撩剑时剑贴身体立圆撩出，幅度宜大，且要做到势动神随；上步时重心要平稳，勿起伏。

图 21

(八) 提膝捧剑

① 左腿屈膝半蹲,重心后移,身体略向左转;同时,右手握剑,随转体向左平带,手心朝上,腕同胸高,剑尖朝前;左手剑指屈肘下落附于右腕部,手心朝下;目视剑尖方向。(图22)

② 身体略向右转,右脚向后撤步,随重心后移成左虚步;同时,右手握剑,随转体手心转向下,使剑经体前向右平带至右胯旁,剑尖朝前;左手剑指向下、向左划弧至左胯旁,手心朝下;目视剑尖方向。(图23)

五、四十二式太极剑动作图解

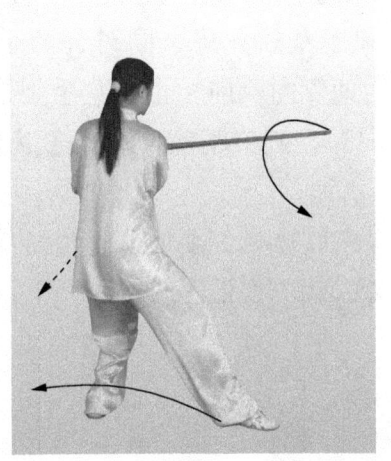

图22

图23

③ 左脚向前活步，随重心前移，左腿自然直立，右腿屈膝提起成左独立势；同时，两手手心翻转朝上，随提膝由两侧向胸前相合，左手剑指捧托在右手背下，与胸同高，剑尖朝前，略高于腕；目视前方。（图 24）

要点：左右转体带剑要协调连贯。捧剑与提膝协调一致。提膝时膝不得低于腰部。

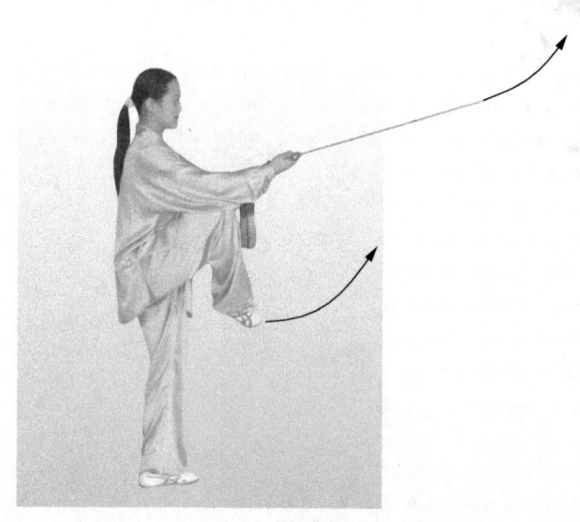

图 24

（九）蹬脚前刺

左腿先微屈，继而直立，右脚以脚跟为力点，勾脚向前蹬出；同时，两手捧剑略回引再向前平刺；目

视剑尖方向。（图25）

要点：蹬脚时身体不可前俯或挺腹，脚高不得低于腰部。剑向前平刺时两臂要保持松沉。

图 25

（一〇）跳步平刺

① 右脚向前落步，随身体重心前移右脚蹬地向前跳步，左脚前摆落地踏实，腿微屈，右脚在左脚将落地时迅速向左脚内侧靠拢（脚不着地）；同时，两手捧剑，随右脚落步向前平刺；左脚落地时两手腕部内旋，同时撤回置于两胯旁，手心均朝下；目视前方。（图26、图27）

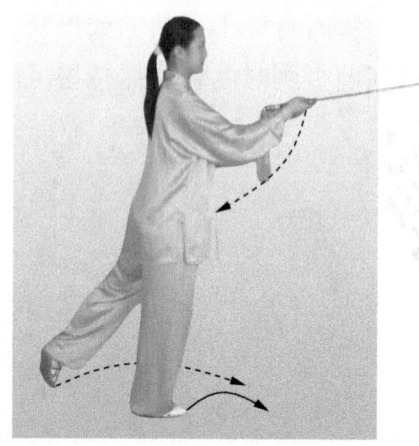

图 26

图 27

34

② 右脚向前上步成右弓步；同时，右手握剑，经腰部向前平刺，腕同胸高，手心朝上，劲注剑尖；左手剑指经左向上、向前划弧，臂呈弧形举于头上方，手心斜朝上；目视剑尖方向。（图 28）

要点：右脚落步与前刺、左跳步与两手回抽要协调一致。左脚落地后右脚有瞬间暂停，再进步平刺。

图 28

（一）转身下刺

① 左腿屈膝，重心后移，右腿自然伸直，脚尖上翘；同时，右手握剑，向左、向后平带屈肘收至胸前，手心朝上；左手剑指屈肘置于胸前，剑身平贴于

左前臂下，两手心斜相对；目视左前方。（图29）

② 右脚尖内扣落地，重心移至右腿，继而以右脚掌为轴身体左后转（约270°），左脚屈膝提起收至右脚内侧（不着地）；两手仍合于胸前；目视左前方。（图30）

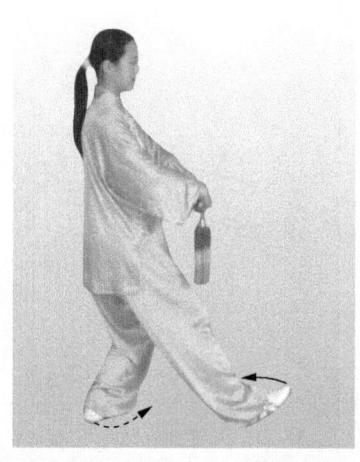

图29

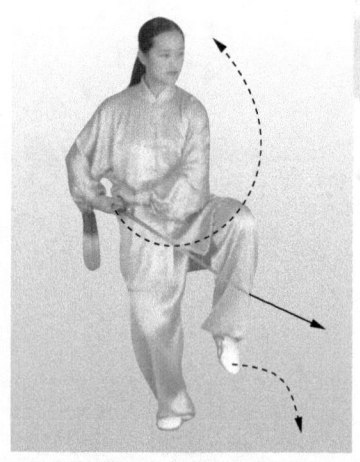

图30

③ 左脚向左前方落步成左弓步；同时，右手握剑，向左前下方平剑刺出，手心朝上；左手剑指向左、向上划弧，臂呈弧形举于头前上方，手心斜朝上；目视剑尖方向。（图31）

要点：转身时要平稳自然，不可低头弯腰。弓步与刺剑要协调一致。

图 31

（一二）弓步平斩

① 重心前移，右脚收提于左脚内侧（脚不触地）；同时，右手握剑，沉腕，手心斜朝上；左手剑指屈肘向下附于右前臂上；目视剑尖。（图 32）

② 右脚向右后方撤步，继而右左前脚掌依次碾步成右横裆步，身体右转（约 90°）；同时，右手握剑向右平斩；左手剑指向左分展侧举，略低于胸，手心朝左，指尖朝前；目视剑尖。（图 33）

要点：肩、肘松活，以腰带臂，眼随剑走，运劲沉稳不断。

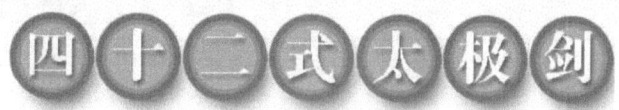

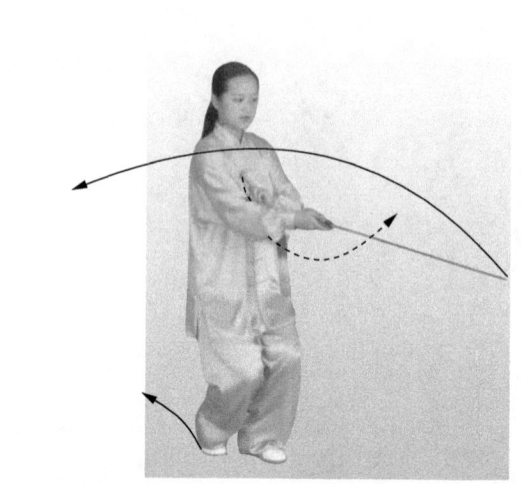

图 32

图 33

（一三）弓步崩剑

① 重心左移，身体略左转；随转体右手握剑，以剑柄领先，屈肘向左带剑至面前，手心朝后；左手剑指沿弧形左摆至左胯旁，手心朝下，指尖朝前；继而重心再右移，左腿经右脚后向右插步；同时，右手握剑，略向左带后内旋翻转至手心朝下，再向右格带，腕同胸高，手臂自然伸直，剑尖朝前，与肩同高；左手剑指向左摆举，腕同肩高，手心朝外，指尖朝前；目视右侧。（图34、图35）

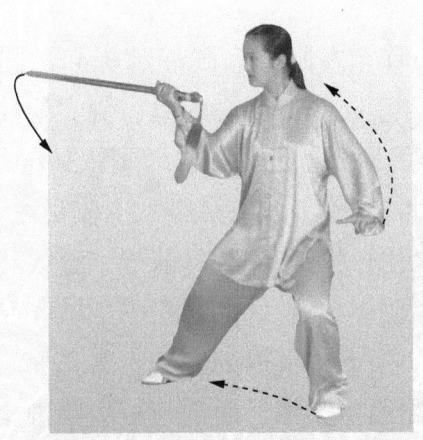

图34

图35

② 重心移至左腿，右腿屈膝提起；同时，两前臂向内划弧合于腹前，手心朝上，剑尖朝前，左手剑指捧托于右手背下；目视前方。（图36）

③ 右脚向右落步成右弓步，上体略右转；同时，右手握剑右摆崩剑，劲贯剑身前端，腕同肩高，剑尖高于腕，臂微屈，手心朝上；左手剑指向左分展，停于胯旁，手心朝下；目视剑尖。（图37）

要点：捧剑与提膝、崩剑与弓步要协调一致。崩剑为一发劲动作，要转腰、沉胯，发劲松弹。整个动作要连贯。

五、四十二式太极剑动作图解

图 36

图 37

（一四）歇步压剑

身体左转，重心移至左腿，右脚向左脚后插步，前脚掌着地；同时，右手握剑，经上向左划弧，手心朝下；继而两腿屈膝下蹲成歇步；同时，右手握剑向下压剑，臂微屈，腕同膝高；左手剑指向上划弧，臂呈弧形举于头上方，手心斜朝上；目视剑尖。（图38、图39)

要点：压剑时，肩、肘松沉，不可僵直；剑身距地面约10厘米。

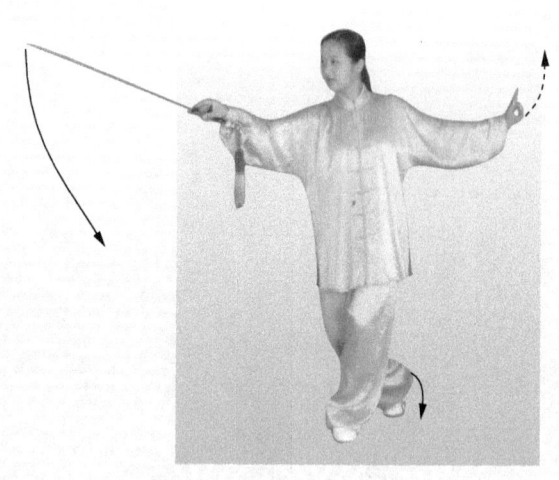

图 38

图39

五、四十二式太极剑动作图解

（一五）进步绞剑

① 身体略右转，两腿蹬伸，左腿屈膝，右脚向前上步成右虚步；同时，右手握剑，虎口朝前上方立剑上提，腕同肩高，剑尖略低于腕；左手剑指经上弧形前摆，附于右前臂内侧，手心朝下；目视前下方。（图40）

② 右脚向前上步，重心前移；同时，右手握剑绞剑；左手剑指向下、向左划弧侧举，腕略高于肩，手心朝外，指尖朝前，臂呈弧形；目视剑尖方向。（图41）

图 40

图 41

③ 左脚向前上步，重心前移；同时，右手握剑再次绞剑；左手剑指动作不变；目视剑尖。（图42）

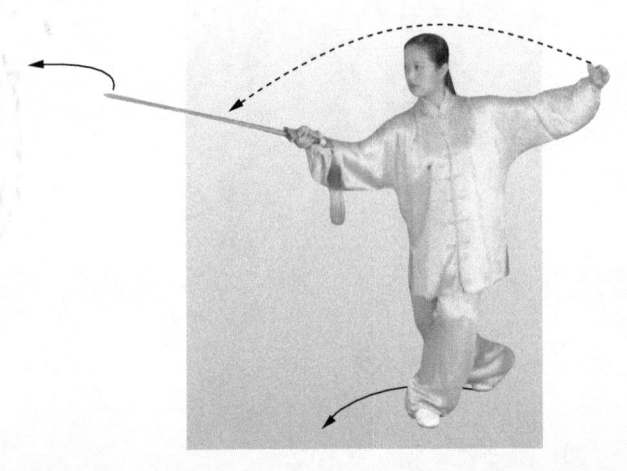

图42

④ 右脚向前上步成右弓步；同时，右手握剑，继续绞剑后前送；左后剑指经上向前附于右前臂上，手心朝下；目视剑尖。（图43）

要点：上步要轻灵平稳，不可忽高忽低。上一步，绞一剑，共上三步，并使上步与绞剑协调一致，剑尖运转呈螺旋形。

图 43

（一六）提膝上刺

① 重心后移，上体略左转；左腿屈膝半蹲，右膝微屈；同时，右手握剑，屈肘回抽带至左腹前，手心朝上，剑身平直，剑尖朝右；左手剑指附于剑柄上；目平视剑尖方向。（图44）

② 重心前移，身体略右转；右腿自然直立，左腿屈膝提起成右独立势；同时，右手握剑向前上方刺出，手心朝上；左手剑指附于右前臂内侧；目视剑尖。（图45）

要点：提膝与刺剑要协调一致。提膝不得低于腰部，上体要保持端正自然。

五、四十二式太极剑动作图解

图 44

图 45

（一七）虚步下截

① 右腿屈膝半蹲，左脚向左落步，脚跟着地，上体略左转；同时，右手握剑，随转体屈肘外旋向左上方带剑，手心朝里，腕同头高，剑尖朝右；左手剑指经下向左划弧至左胯旁，手心斜朝下；目视右侧。（图46）

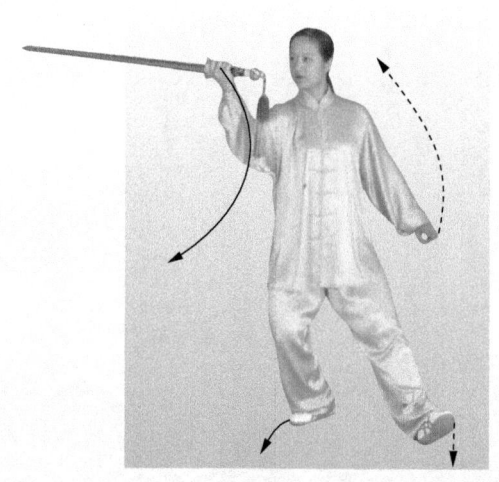

图46

② 随重心左移，左脚踏实，屈膝半蹲，上体右转，右脚向左移半步，脚尖点地成右虚步；同时，右手握剑，随转体略向左带后向右下方截剑至右胯旁，剑尖朝左前，与膝同高，劲贯剑身下刃；左手剑指向上，臂

呈弧形举于头上方,手心斜朝上;目视右侧。(图47)

要点:虚步与截剑要协调一致;截剑时,右臂不可僵直。

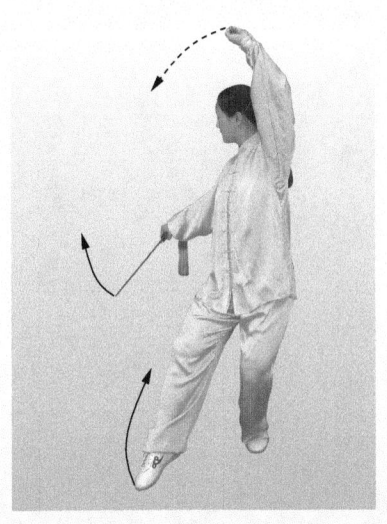

图 47

(一八) 右左平带

① 左膝微屈,右腿屈膝提起,脚尖下垂;同时,右手握剑,立刃向前伸送至与胸高,臂自然伸直,剑尖略低于手;左手剑指经上向前附于右前臂内侧;继而,右脚向右前方落步,上体略右转成右弓步;同时,右手握剑前伸,手心转朝下之后屈肘向右带剑至右肋前,剑尖朝前;左手剑指仍附于右前臂内侧;目视剑尖。(图48、图49)

图 48

图 49

② 随重心前移，左脚向左前方上步成左弓步；同时，右手握剑随剑尖前伸，前臂外旋至手心朝上，微屈肘向左带剑至左肋前，剑尖朝前；左手剑指经下向左上绕举，臂呈弧形举于头上方，手心斜朝上；目视前方。（图50）

要点：弓步与带剑协调一致；上体不可前俯或凸臀。

图50

（一九）弓步劈剑

① 随重心前移，右脚摆步向前，屈膝半蹲，左腿自然伸直，脚跟提起，上体右转；同时，右手握剑，向右后方下截；左手剑指屈肘向下附于右肩前，

手心斜朝下；目视剑尖。（图51、附图51）

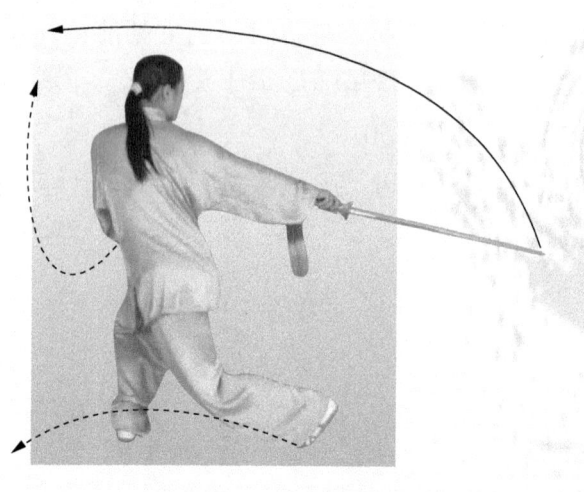

图51

附图51

② 上体左转，左脚向前上步成左弓步；同时，右手握剑，经上向前劈剑，与肩同高，剑尖略高于腕，左手剑指经下向左上方划弧，臂呈弧形举于头上方，手心斜朝外；目视前方。（图52）

要点：上右步与回身截剑要协调一致，弓步与劈剑要协调一致；整个动作要连贯完成。

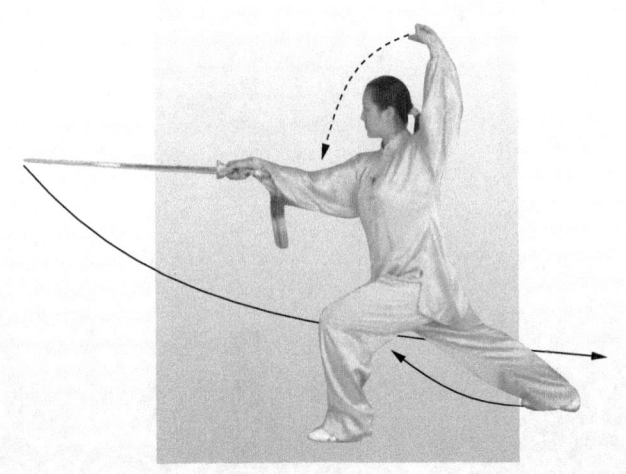

图52

（二〇）丁步托剑

① 随重心前移，右腿屈膝上提成独立势，上体右转并微前倾；同时，右手握剑向右后方截剑；左手剑指屈肘摆至右肩前，手心朝右后；目视剑尖。（图53、附图53）

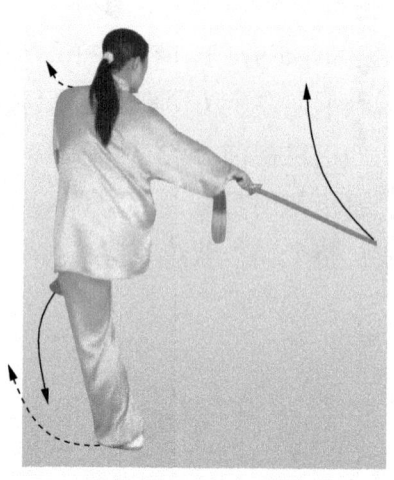

图 53

附图 53

54

② 右脚向前落步，屈膝半蹲，左脚跟步至右脚内侧，脚尖点地成左丁步；同时，右手握剑，向前屈肘向上托剑，剑尖朝右；左手剑指附于右腕内侧，手心朝前；目视右侧。（图54）

要点：提膝与回身下截剑、丁步与托剑要协调一致。剑上托时劲贯剑身上刃。整个动作要连贯。

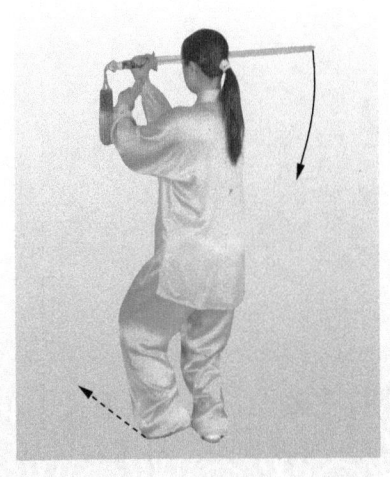

图54

（二）分脚后点

① 左脚向左前方上步，脚尖内扣，膝微屈，上体右转（约90°），以右前脚掌为轴，脚跟内转，膝微屈；右手握剑，使剑尖向右、向下划弧至腕与肩同

高，手心斜朝上，剑尖斜向下；左手剑指仍附右腕；目视剑尖。（图55）

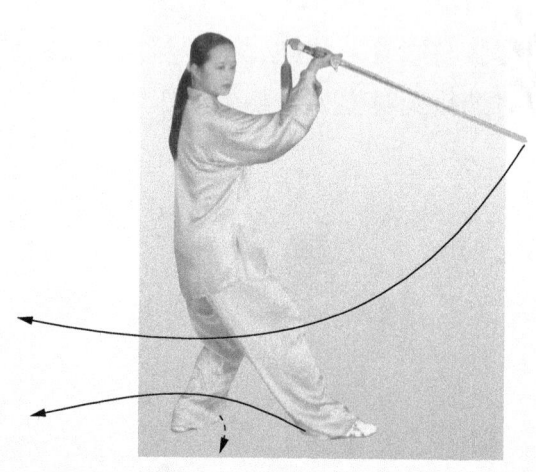

图 55

② 右脚向后撤步，腿自然伸直，左脚以脚跟为轴，脚尖内扣，屈膝半蹲，身体右转（约90°）；同时，右手握剑，剑尖领先，经下向后划弧穿至腹前，手心朝外，剑尖朝右，稍低于腕；左手剑指仍附于右腕；目视剑尖方向。（图56）

③ 随重心前移，右腿屈膝前顶成右弓步，上体略右转；同时，右手握剑，沿右腿内侧向前穿刺，与肩同高；左手剑指向左后方划弧摆举，与肩同高，手心朝外；目视剑尖。（图57）

五、四十二式太极剑动作图解

图 56

图 57

④ 随重心前移，左脚向右脚并步，两腿屈膝半蹲，上体略左转；同时，右手握剑，剑柄领先，向上、向左划弧带剑至左胯旁，手心朝内，剑尖朝左上方；左手剑指向上，在头上方与右手相合后，屈肘下落附于右腕内侧；目视左侧。（图58）

图 58

⑤ 左腿自然伸直，右腿屈膝提起，脚尖自然下垂，上体右转（约90°）；同时，右手握剑，使剑尖在体左侧立圆划弧至后下方时，以剑柄领先，前臂内旋上提举至头前上方，手心朝右，剑尖朝前下方；左

手剑指外旋，向前下方伸出至右踝内侧前方，手心朝前上方；目视剑尖方向。（图59）

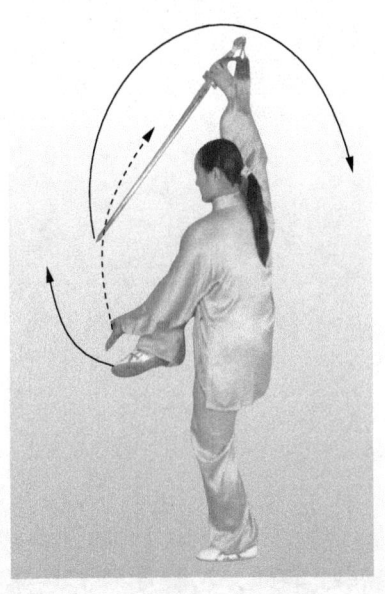

图59

⑥ 右脚向前摆踢成分脚，同时上体略向右拧转；随转体右手握剑经上向右后方点剑，腕同肩高；左手剑指向左上方摆举，臂呈弧形举于头上方，手心斜朝上；目视剑尖。（图60）

要点：提膝与提剑、分脚与后点剑要协调一致。整个动作要连贯圆活，一气呵成。

图 60

（二二）仆步穿剑（右）

① 左腿屈膝半蹲，右腿屈膝向后落步成左弓步，同时上体左转；随转体右手握剑弧形向体前摆举，腕同胸高，手心朝上，剑身平直，剑尖朝前；左手剑指向下，屈肘附于右前臂内侧，手心朝下；目视剑尖。（图61）

② 随身体重心后移，两脚以脚掌为轴碾步，身体右转（约90°）成右横弓步；同时，右手握剑，屈肘经胸前向右摆举斩剑，臂微屈，手心朝上，剑尖略高于腕；左手剑指向左分展侧举，与腰同高，臂微屈，手心朝外；目视剑尖。（图62）

图 61

五、四十二式太极剑动作图解

图 62

③ 重心左移，成左横弓步，上体略左转；同时，右手握剑，屈臂上举带至头前上方，手心朝内，剑身平直，剑尖朝右；左手剑指向上摆举，附于右腕内侧，臂呈弧形，手心朝前；目视剑尖方向。（图63）

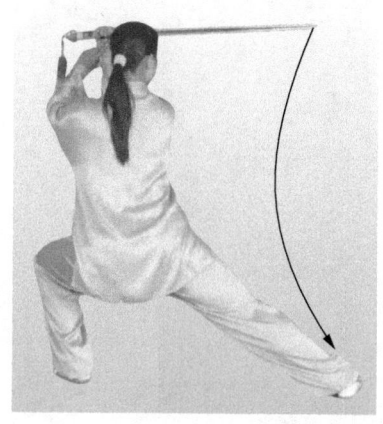

图63

④ 左腿屈膝全蹲成右仆步，上体略右转；同时，右手握剑，向下置于裆前，手心朝外，使剑立剑落至右腿内侧，剑尖朝右；左手剑指仍附右腕；目视剑尖方向。（图64、附图64）

五、四十二式太极剑动作图解

图 64

附图 64

四十二式太极剑

⑤ 随重心右移，右脚尖外展，左脚尖内扣碾步成右弓步，同时身体右转（约90°）；随转体，右手握剑沿右腿内侧向前立剑穿出，腕同胸高，臂自然伸直，手心朝左；左手剑指仍附于右腕内侧；目视前方。（图65）

要点：身体重心左右转换要平稳，上体切忌摇晃；动作时，以身带臂，使剑动作连贯圆活。

图 65

（二三）蹬脚架剑（左）

① 右脚尖外展，身体略右转；同时，右手持剑，向右上方带剑至头前上方（腕距右额约 10 厘米），手

心朝外，剑尖朝前；左手剑指屈肘附于右前臂内侧，手心朝右；目视剑尖方向。（图66）

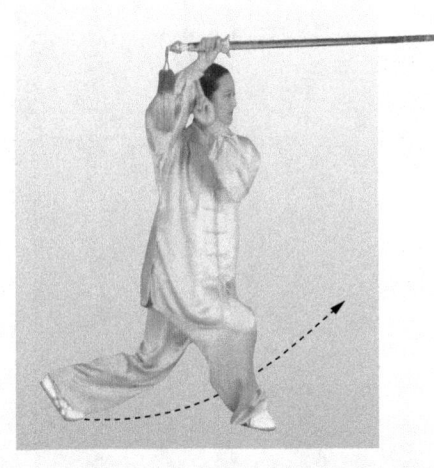

图66

② 右腿自然直立，左脚经右踝内侧屈膝提起，脚尖自然下垂；同时，右手握剑略向右带；目视剑尖方向。（图67）

③ 左脚以脚跟为力点向左侧蹬脚；同时，右手握剑上架，臂微屈；左手剑指向左侧指出，臂自然伸直，腕同肩高，手心朝前，指尖朝上；目视剑指方向。（图68）

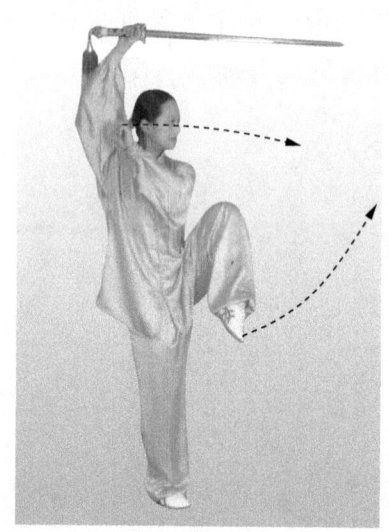

图 67

图 68

要点：剑指、剑尖、蹬脚均朝同一方向；蹬脚与架剑、剑指动作要协调一致；右腿独立要站稳。蹬脚高度不得低于腰部。此势为一平衡动作。

(二四) 提膝点剑

左腿屈膝成右独立势，上体略右转；同时，右手握剑，经上向右前下方点剑，剑尖与膝同高；左手剑指屈肘右摆，附于右前臂内侧，手心朝下；目视剑尖方向。（图 69）

要点：左腿屈膝、扣脚与点剑要协调一致。右腿站立要稳。

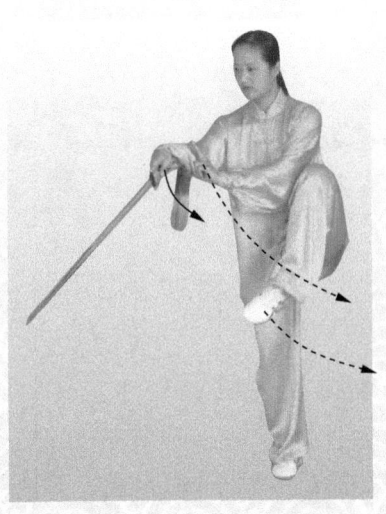

图 69

（二五）仆步横扫（左）

① 右腿屈膝全蹲，左脚向左后方落步成左仆步，上体略左转；同时，左手剑指屈肘内旋，经左肋前向后反插至左腿外侧，手心朝外；右手握剑，沉腕下落至右膝前上方，手心朝上；目视剑尖。（图70）

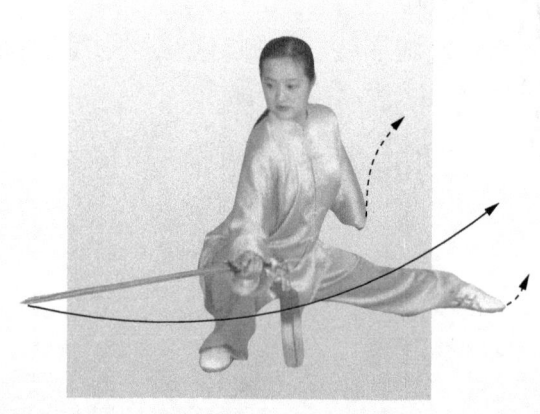

图70

② 随身体重心左移，身体左转（约90°）；左腿屈膝，脚尖外展，右脚跟外展碾步成左弓步；同时，右手握剑向左平扫，腕同腰高，手心朝上，臂微屈，剑尖朝前下方略低于腕；左手剑指经左向上，臂呈弧形举于头上方，手心朝上；目视剑尖。（图71）

图 71

要点：由仆步转换成弓步时，上体不要前倾和凸臀。

（二六）弓步下截（右、左）

① 身体重心前移，右脚跟至左脚内侧（脚不触地）；同时，右手握剑内旋划弧拨剑，腕同腰高，手心朝下，剑尖朝左前下方；左手剑指屈肘下落附于右腕内侧，手心朝下；目视剑尖。（图72）

② 右脚向右前方上步成右弓步，上体略右转；同时，右手握剑，向右前方划弧截剑，臂微屈，腕同胸高，虎口朝下，剑尖朝前下方；左手剑指仍附于右腕；目视剑尖。（图73）

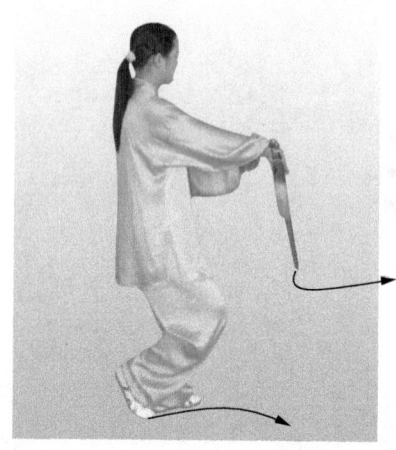

图 72

图 73

③ 身体重心移至右腿，左脚跟至右脚内侧（脚不触地），上体右转；同时，右手握剑外旋划弧拨剑至右胯旁，手心朝上，剑尖朝右前下方；左手剑指附于右腕内侧，手心朝下；目视剑尖。（图74）

图74

④ 身体重心左移，左脚向左前方上步，右脚跟外展成左弓步，上体左转（约45°）；同时，右手握剑，向左划弧截剑至身体左前方，臂微屈，腕同胸高，手心朝上，剑尖朝前下方；左手剑指向左前上方划弧摆举，臂呈弧形举于头前上方，手心朝外；目视剑尖。（图75）

图 75

要点：划弧拨剑，以腕为轴，手腕松活，剑尖形成一小圆弧。截剑时以身带剑，身随步转。整个动作要柔和连贯，眼随剑走。

(二七) 弓步下刺

① 身体重心前移，右脚在左脚后震脚，屈膝半蹲，左脚跟提起，上体略右转；同时，右手握剑，屈肘回带至右肋前，手心朝上，剑尖朝前，略低于手；左手剑指先前伸，复随右手回带屈肘附于右腕内侧，手心朝下；目视剑尖。（图76）

图 76

② 随身体重心前移，左脚向左前方上步成左弓步，上体略左转；同时，右手握剑向左前下方刺出，腕同腰高，手心朝上；左手剑指仍附于右腕内侧，手心朝下；目视剑尖。（图77）

要点：震脚与刺剑均为发力动作。震脚与两手相合屈肘回带、刺剑与弓步均要协调一致。刺剑时先转腰回带为之蓄劲，继而以转腰沉胯带剑下刺，力注剑尖，发劲要松弹。

图 77

（二八）右左云抹

① 随身体重心前移，右脚跟至左脚内侧（脚不触地），身体略左转；同时，右手握剑，沉腕略向左带，腕同腰高，臂微屈，手心朝上，剑尖略低于手；左手剑指略向左带后经胸前向右划弧至右臂上方，手心朝右；目视剑尖。（图78）

② 右脚向右上步成右横弓步，上体右转；同时，右手握剑，向右上方划弧削剑，臂微屈；左手剑指向左划弧分展举于左前方，与胸同高，手心朝外；目视剑尖。（图79）

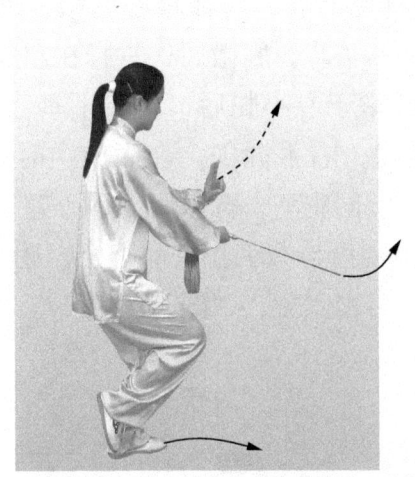

图 78

五、四十二式太极剑动作图解

图 79

③ 上体略右转，身体重心右移，继而上体略左转；左脚向右盖步，膝微屈，右脚在左脚即将落地时蹬地，屈膝举于左小腿后，脚尖下垂（离地面约10厘米）；同时，右手握剑，在面前逆时针划弧云剑，摆至体前，腕同胸高，臂微屈，手心朝下，剑尖朝左前方；左手剑指与右手在胸前相合，附于右腕内侧，手心朝下；目视剑尖。（图80）

图80

④ 右脚向右上步成右弓步，上体右转；同时，右手握剑，向右抹剑至右前方，手心朝下；左手剑指仍附于右腕内侧；目视剑尖方向。（图81）

图 81

要点：以上为右云抹剑。盖步时，步法要轻灵；云剑时，要以身带剑，使剑运行连贯圆活，身剑要协调。

⑤ 身体重心右移，左脚跟至右脚内侧（脚不触地），身体略右转；同时，右手握剑略屈肘右带，腕同腰高，剑尖朝左前；左手剑指仍附于右腕内侧；目视剑尖方向。（图 82）

⑥ 左脚向左上步成左弓步，上体左转；同时，右手握剑，向前伸送后向左抹带，腕同胸高，手心朝下，剑尖朝前；左手剑指经前向左划弧摆举至体左侧，手心朝外；目视剑尖。（图 83）

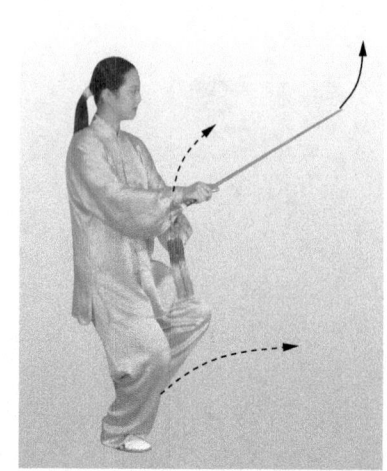

图 82

图 83

⑦ 身体重心左移，右脚向左盖步，右脚即将落地时，左脚蹬地，屈膝后举于右小腿后，脚尖下垂（离地约 10 厘米），上体略右转；同时，右手握剑，在面前顺时针划圆云剑，摆至体前，腕同胸高，手心朝上，剑尖朝右前方；左手剑指在云剑时向右与右手相合，附于右腕内侧，手心朝下；目视剑尖。（图 84）

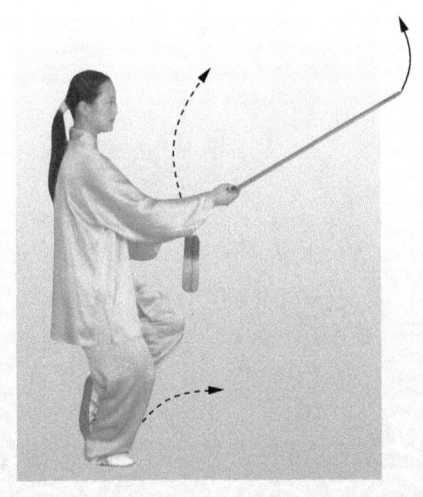

图 84

⑧ 左脚向左上步成左弓步，上体略左转；同时，右手握剑向左抹剑，手心朝上；左手剑指向左划弧后，臂呈弧形举于头前上方；目视剑尖。（图 85）

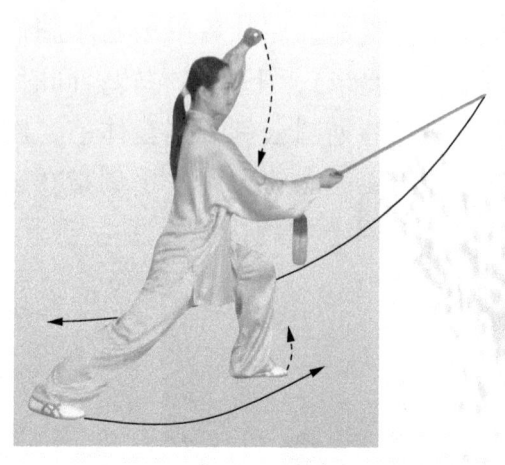

图 85

要点：此势为左云抹剑，要领同右云抹剑。右左云抹剑要连贯完成。

（二九）右弓步劈

① 身体重心前移，右脚跟至左脚内侧（脚不触地），身体略左转；同时，右手握剑，剑刃领先，经下向左后方划弧至左腹前，臂微屈，手心斜朝上，剑尖朝左后下，与胯同高；左手剑指屈肘向下落于右前臂上，手心朝外；目视剑尖。（图86、附图86）

五、四十二式太极剑动作图解

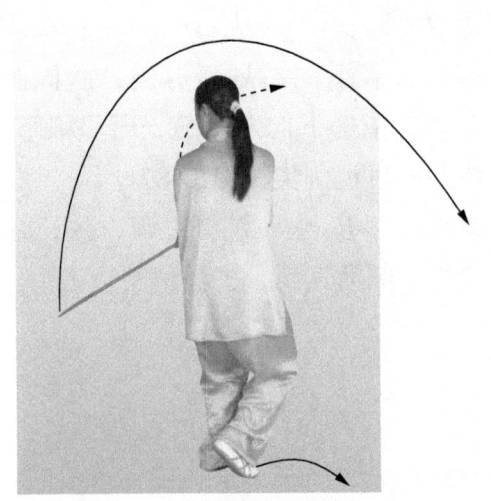

图 86

附图 86

四十二式太极剑

② 右脚向右上步成右弓步，上体略右转；同时，右手握剑，经上向右划弧劈剑，腕同胸高，剑臂一线；左手剑指经下向左划弧，臂呈弧形举于头上方，手心朝外；目视剑尖。（图87）

要点：弓步与劈剑要协调一致，速度要缓慢均匀，动作要圆活连贯，劲贯剑身。

图87

（三〇）后举腿架剑

① 身体重心前移，左脚摆步向前，屈膝半蹲，右脚跟提起，上体略左转；同时，右手握剑向左挂剑，腕同腰高，剑尖朝左；左手剑指屈肘下落附于右

前臂上，手心朝外；目视左下方。（图88）

② 左腿直立，右腿屈膝，小腿后举，脚面展平同臀高，上体略右转；同时，右手握剑上架（离头部约10厘米），剑尖朝左；左手剑指经面前向左摆举，臂微屈，指尖朝上；目视剑指。（图89）

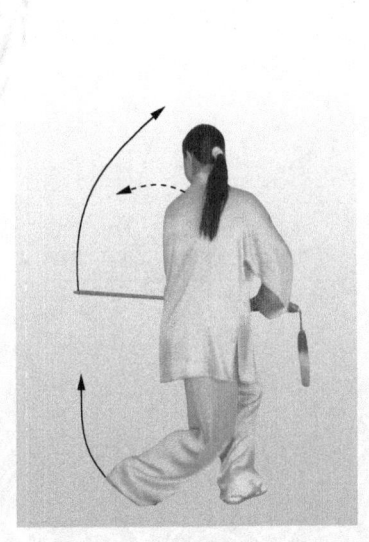

图88　　　　　　　　　图89

要点：左手剑指与剑尖为同一方向；右腿后举与举剑上架、剑指动作要协调一致。独立要稳，此势为平衡动作。

(三一) 丁步点剑

① 左腿屈膝，身体略右转，右脚向右落步，脚跟着地，腿自然伸直；同时，右手握剑，略向右摆举使剑尖向上，高于右腕；目视左前方。（图90）

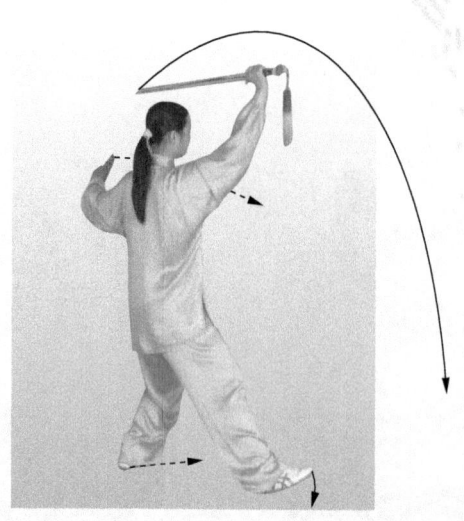

图 90

② 重心右移，身体右转；右脚踏实，屈膝半蹲，左脚跟至右脚内侧，脚尖点地成左丁步；同时，右手握剑向右点击，腕同胸高；左手剑指经体前向右划弧屈肘附于右腕内侧；目视剑尖。（图91）

要点：丁步与点剑要协调一致。点剑时力注剑锋。

图91

（三二）马步推剑

① 左脚向左后方撤步，右腿屈膝，随身体重心后移，以脚掌擦地撤半步，脚跟提起，腿微屈，上体向右拧转；同时，右手握剑，虎口朝上，屈肘收至右肋下，剑身竖直，剑尖朝上；左手剑指附于右腕，手心朝下；目视右侧。（图92）

② 左脚蹬地，随身体重心前移，右脚向右前方上步，脚尖内扣，左脚跟滑半步，两腿屈膝半蹲成马步，上体左转；同时，右手握剑，向右前方立剑平推，腕同胸高，剑尖朝上，力贯剑身前刃；左手剑指经胸前向左推举，手心朝外，指尖朝前，与肩同高；目视右侧。（图93）

图 92

图 93

要点：此势为发力动作。马步与推剑要协调一致，推剑时要转腰沉胯，劲力顺达。

（三三）独立上托

① 身体重心左移，右脚向左插步，身体右转；同时，右手握剑，以腕为轴外旋翻转手腕，使剑尖经下向后、向上在体右侧立圆划弧至头部右侧，剑尖朝右上方，虎口仍朝上，腕同胸高；左手剑指略向前摆举；目视右前方。（图94）

图94

② 随身体重心后移，两腿屈膝下蹲，并以左脚跟、右脚掌为轴碾地，身体右后转（约180°）；同

时，右手握剑，前臂内旋，剑柄领先向下、向右后方划弧摆举至右膝前上方，剑尖朝前；左手剑指屈肘向右附于右腕内侧，手心朝下；目视剑尖。（图95）

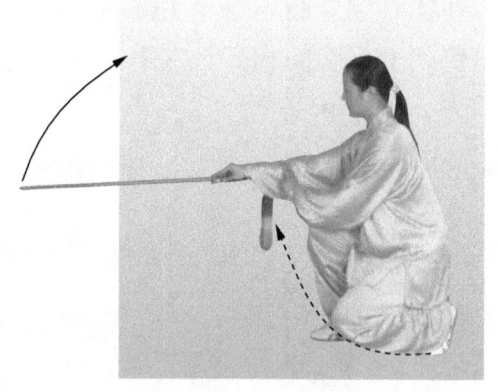

图 95

③ 上体略右转，右腿自然直立，左腿屈膝提起成右独立势；同时，右手握剑臂内旋，向上托举停于右额上方（约10厘米），剑身平直，剑尖朝左；左手剑指屈肘附于右前臂内侧，手心朝外；目视左侧。（图96）

要点：插步转体时，上体不要过于前俯和凸臀；提膝与上举剑要协调一致。此势为平衡动作。

图 96

（三四）挂剑前点

① 左脚向左摆步，随身体重心前移，右脚跟提起，上体略左转；同时，右手握剑，向左下方划弧挂剑，手心朝内；左手剑指屈肘附于右上臂内侧，手心朝外；目视剑尖方向。（图 97）

② 随身体重心前移，右脚摆步向前，上体略右转；同时，右手握剑，经上向前划弧，前臂外旋，手心朝上，剑尖朝前，低于右腕；左手剑指仍附于右前臂内侧，手心朝右；目视剑尖方向。（图 98）

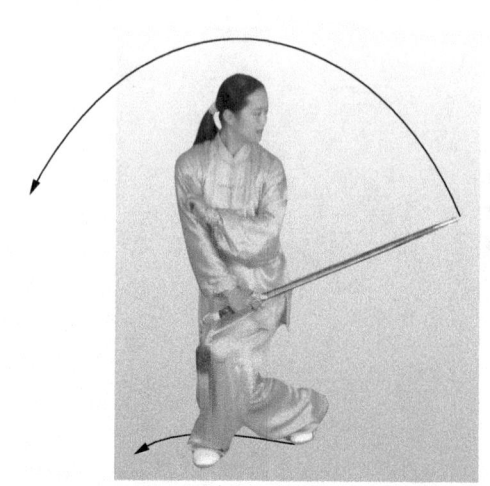

图 97

图 98

③ 随身体重心前移，右脚踏实，左脚跟提起，上体略右转；同时，右手握剑，向右划弧穿挂剑，手心朝外；左手剑指向上，臂呈弧形举于头上方，手心朝左；目视剑尖方向。（图99）

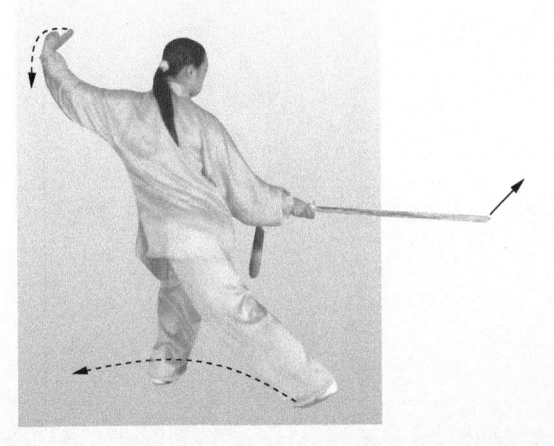

图99

④ 随身体重心前移，左脚摆步向前，脚跟着地，身体略左转；同时，右手握剑向右伸举，手心朝上，腕同腰高，剑尖朝右下方；左手剑指下落至与肩同高，手心朝外；目视剑指方向。（图100）

⑤ 随身体重心前移，左脚踏实，屈膝半蹲，右脚向右前方上步成右虚步，上体左转（约90°）；同时，右手握剑，经上向右前下方点剑；左手剑指经下向左划弧，臂呈弧形举至头上方，手心朝外；目视剑尖。（图101）

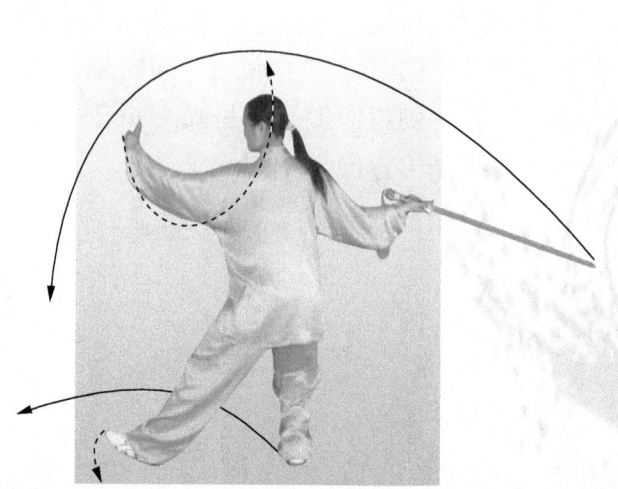

图 100

图 101

要点：左右挂剑，动作要连贯圆活，贴近身体；立圆挂剑，虚步与点剑要协调一致。

(三五) 歇步崩剑

① 右脚跟内扣踏实，屈膝半蹲，左脚跟提起，身体重心前移，上体右转；同时，右手握剑，翘腕向后带剑至右胯旁，手心朝内，剑尖朝左上方，略低于肩；左手剑指屈肘下落附于右腕上，手心朝下；目视右前下方。（图 102）

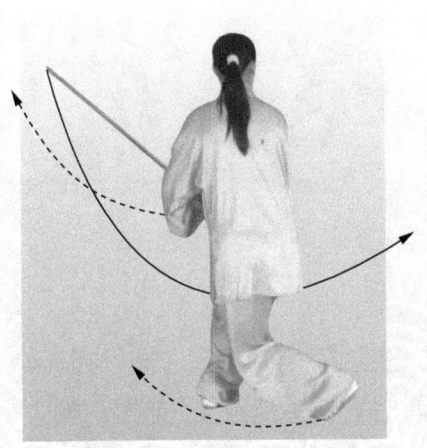

图 102

② 身体重心略左移，右腿屈膝，左脚向左上步成右弓步，上体略右转；同时，右手握剑，经下向右划弧反撩，腕同胸高，手心朝后，剑尖朝右；左手剑指经下向左划弧摆举至与肩平；目视剑尖。（图103）

图103

③ 重心后移，右脚向左脚后撤步成歇步，身体略右转；同时，右手握剑，变虎口朝上后沉腕崩剑，腕同腰高；左手剑指向上，臂呈弧形举于左上方，手心斜朝上；目视右前方。（图104）

要点：歇步与崩剑动作要协调一致；沉腕崩剑，劲贯剑锋。

图 104

（三六）弓步反刺

① 右脚踏实，右腿伸起直立，左腿屈膝提起，脚尖下垂，上体稍左倾；同时，右手握剑，屈肘侧举，腕低于胸，使剑身斜置于右肩上方，手心朝前，剑尖朝左上方；左手剑指下落，与肩同高；目视右前方。（图 105）

② 左脚向左落步，成左弓步，上体略向左倾；同时，右手握剑，向前上方探刺；左手剑指向右与右臂在体前相合，附于右前臂内侧；目视剑尖。（图 106）

要点： 动作要舒展，弓步与探刺要协调一致。

图 105

图 106

(三七) 转身下刺

① 随身体重心后移，身体右转，左脚尖内扣；同时，右手握剑，屈肘回带至左肩前，手心朝内，剑尖朝右；左手剑指附于右腕内侧，手心朝外；目视右侧。（图107）

② 身体重心左移，右腿屈膝提起，脚尖下垂，以左脚掌为轴碾地，身体右转；同时，右手握剑，向右摆至右肩前，使剑尖向下划弧至右膝外侧，手心朝后，剑尖斜朝下；左手剑指仍附于右腕上；目视剑尖。（图108）

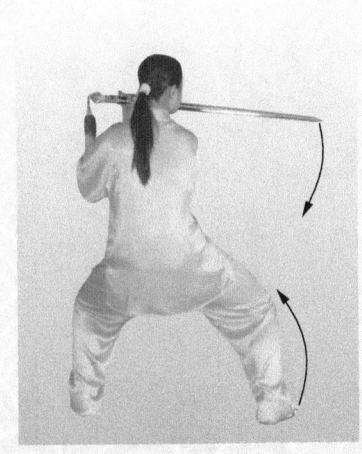

图107

图108

③ 左腿屈膝半蹲，右脚向后落实，随身体右转（约180°），左脚内扣，右脚外摆成右弓步；同时，右手握剑向前下方刺出，腕同腰高，手心朝上；左手剑指附于右腕上，手心朝下；目视剑尖。（图109）

要点：动作要连贯圆活，上体不要过于前倾。弓步与刺剑要协调一致。

图109

（三八）提膝提剑

① 身体重心后移，上体左转；左脚尖外摆，屈膝半蹲，右腿自然伸直；同时，右手握剑，以剑柄领先，屈臂外旋，向左上方带剑（距头部约20厘米），手心朝内，剑尖朝右；左手剑指附于前臂内侧，手心

图 110

朝外;目视剑尖。(图110)

② 身体重心右移,右腿屈膝,左腿自然伸直,左脚跟外转,上体略右转;同时,右手握剑,剑柄领先,前臂内旋,手心朝下,经腹前摆至右胸前(约30厘米),使剑尖经上向左前划弧,剑尖低于腕;左手剑指附于右腕内侧,手心朝外;目视剑尖。(图111)

③ 左腿屈膝提起成右独立势,上体略右转并稍前倾;同时,右手握剑,剑柄领先,向右、向上划弧提剑,臂呈弧形举于右前方,腕同额高,虎口斜朝下,剑尖置于左膝外侧;左手剑指经腹前向左划弧摆举,与腰同高,手心朝外;目视左前下方。(图112)

要点:提膝与提剑要协调一致。

四十二式太极剑

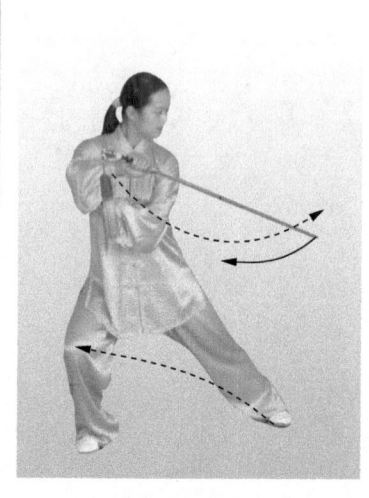 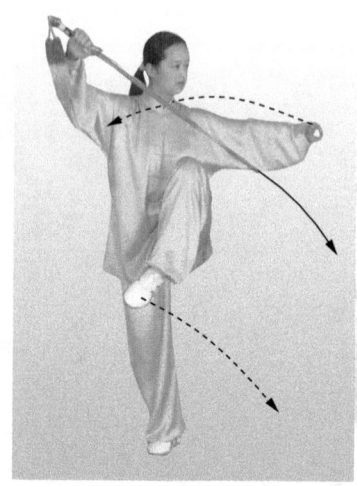

图 111　　　　　　　　图 112

（三九）行步穿剑

① 右腿屈膝，左脚向左落步，脚跟着地，上体左转；同时，右手握剑，手心转向上，剑尖领先，经左肋下向左、向前穿剑，腕与腰同高，剑尖朝前；左手剑指向右上方划弧摆举至右肩前，手心朝下；目视剑尖。（图113）

② 随身体重心前移，左脚踏实，膝微屈，右脚向右摆步，上体右转；同时，右手握剑，剑尖领先，向前、向右划弧穿剑，腕与胸同高，剑尖朝右；左手剑指经胸前向左分展侧举，臂呈弧形，手心朝外；目视剑尖。（图114）

五、四十二式太极剑动作图解

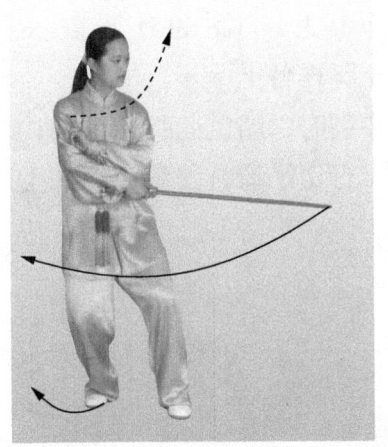

图 113

图 114

③ 随身体重心前移，左脚向右扣步，上体略右转；两手动作不变。（图 115）

依次右左脚再各上一步。

要点：穿剑时，略沉胯拧腰蓄劲；行步时，左脚扣、右脚摆，行走平稳，勿飘浮，共走 5 步，轨迹成一圆形。

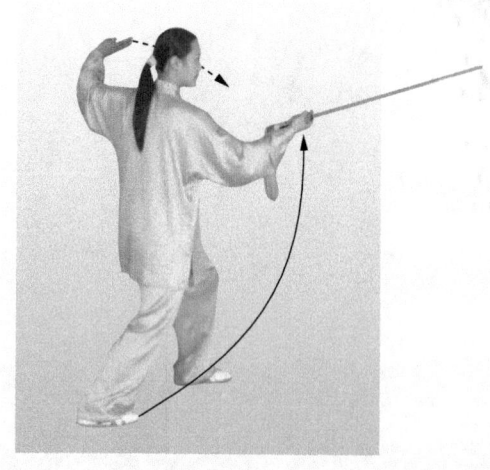

图 115

（四〇）摆腿架剑

① 右手握剑，前臂内旋，经面前使剑尖在头前方逆时针划弧，屈肘向左摆至左肋前，剑尖朝左上方；当右手握剑左摆至面前时，右脚做外摆腿，下落至水平时屈收小腿；左手剑指向上，在面前与右手相

合，屈肘附于右腕内侧，手心朝下；目视前方。（图116、图117）

图 116

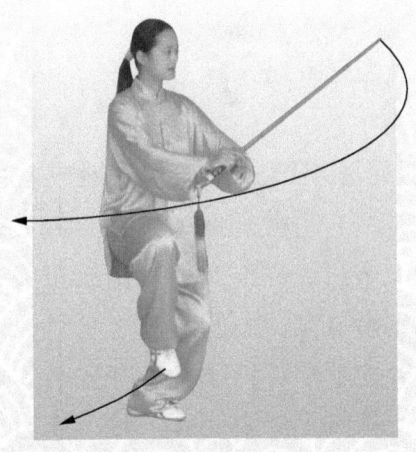

图 117

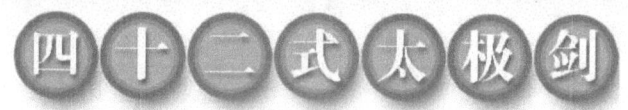

② 左腿屈膝，右脚向右前方落步，身体略右转；同时，右手握剑，经前向右划弧抹剑，腕与胸同高，手心朝下，剑尖朝左；左手剑指附于右前臂内侧，手心朝下；目视剑身前端。（图118）

图118

③ 右腿屈膝半蹲，左脚跟外展成右弓步，上体略左转；同时，右手握剑上举架剑，剑尖朝前；左手剑指随右手上举后经面前向前指出，指尖朝上，与鼻同高；目视剑指方向。（图119）

要点：外摆腿不得低于胸，并要与剑和剑指紧密配合；弓步与抹剑上架要协调一致；剑指与剑为同一方向。

图 119

五、四十二式太极剑动作图解

（四一）弓步直刺

① 身体重心移至右腿，左脚收提至右脚内侧（脚不触地）；同时，右手握剑，经右向下收至右胯旁，虎口朝前，剑尖朝前；左手剑指经左向下收至左胯旁，手心朝下，指尖朝前；目视右前下方。（图120）

② 左脚向前上步成

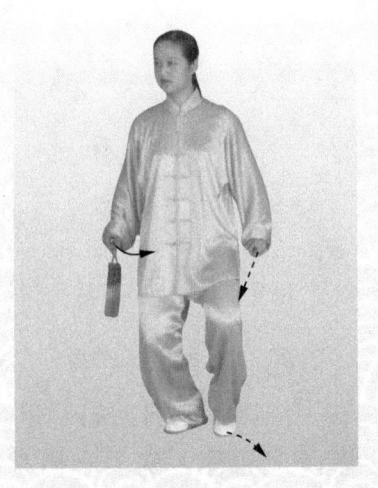

图 120

105

左弓步，上体略左转；同时，右手握剑，立刃向前平刺；左手剑指在胸前与右手相合，附于右腕内侧后向前伸送，手心斜向下；目视前方。（图121）

要点：弓步与刺剑要协调一致，上体要自然直立，不要挺腹、凸臀。

图121

（四二）收　势

① 身体重心后移，右腿屈膝，上体右转；同时，右手握剑，屈肘向右回带至右胸前；左手剑指仍附右腕随之右移，两手心相对（准备接剑），剑身微贴左前臂外侧；目视前下方。（图122）

② 上体左转，重心前移，右脚上步成平行步；同时，左手剑指变掌接剑（反握），随经腹前向左摆置于左胯旁，手心朝后，剑身竖直，剑尖朝上；右手变剑指经下向右后方划弧，随屈肘举至右耳侧，手心朝内，指尖朝上，与头同高；目视前方。（图123）

图122　　　　　　　　　图123

③ 两腿自然伸直；同时，右手剑指经胸前向下落于身体右侧；然后左脚向右脚并拢，身体自然站立；两臂垂于体侧；目视前方。（图124、图125）

要点：动作要连贯、圆活、缓慢。最后成并步自然站立时，全身放松，深呼气，神气归元。

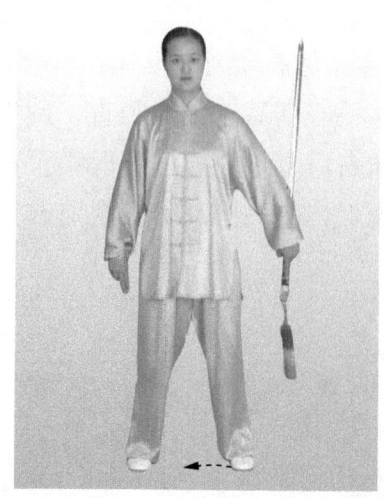

图 124

图 125

六、四十二式太极剑动作路线示意图

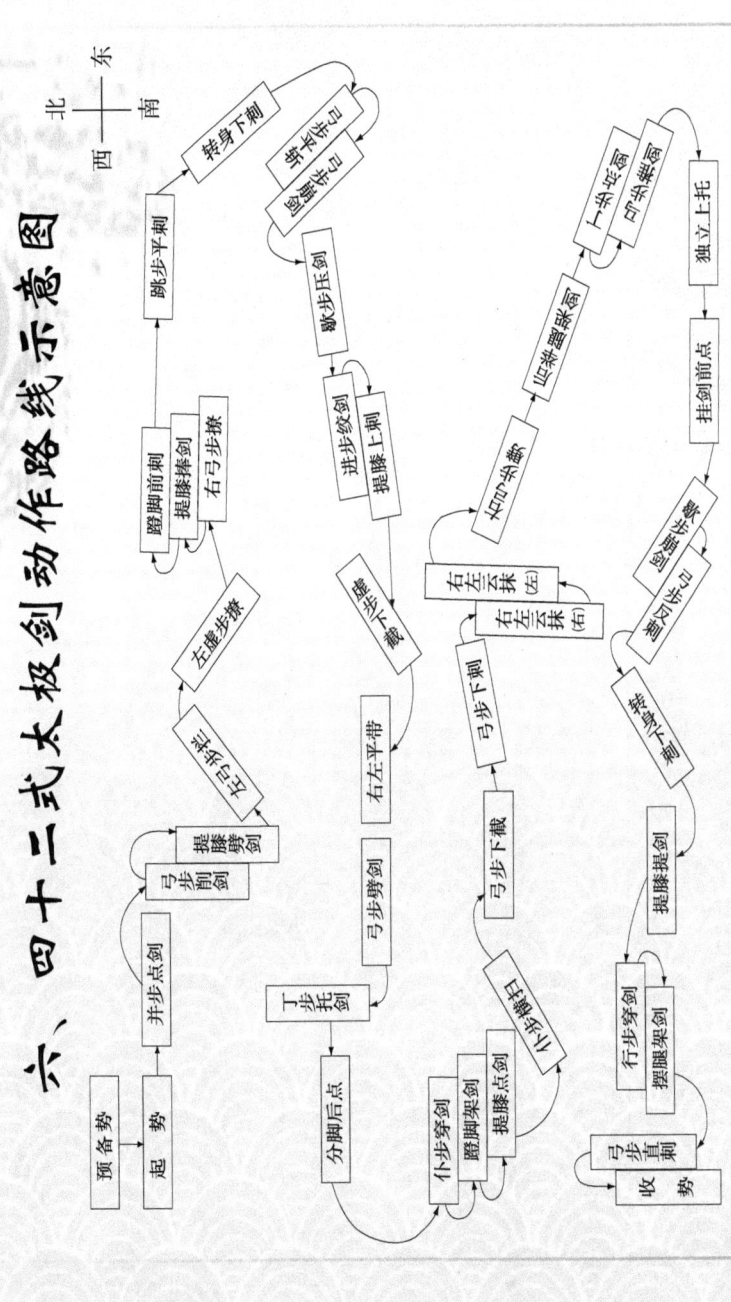

此示意图中的练习方向和进退路线,是假设面向南起势的。参考练习时,背向方向为后,左手方向为左,右手方向为右,在完成姿势斜度较大的动作说明中也加了东西南北字样,并可参阅此图进行对照。

109

七、四十二式太极剑连续动作图

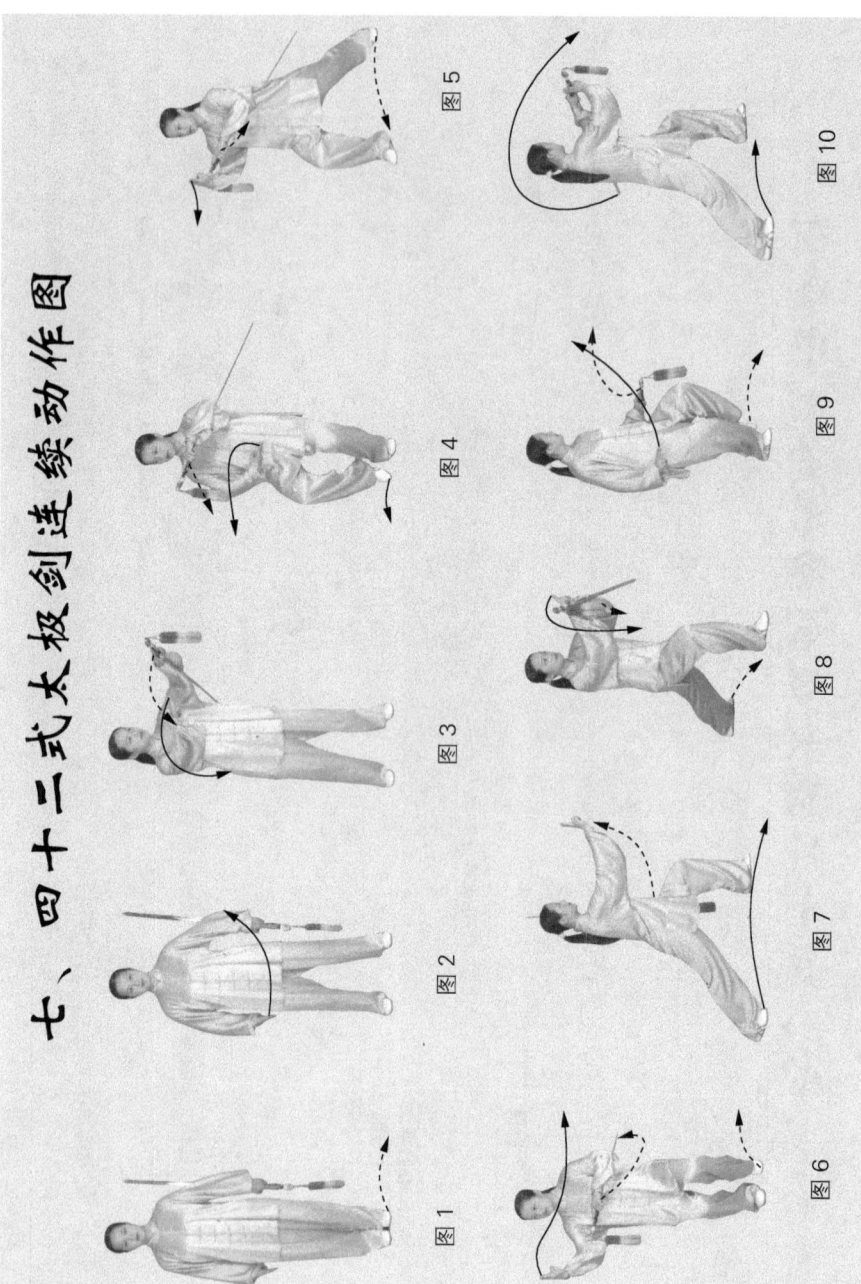

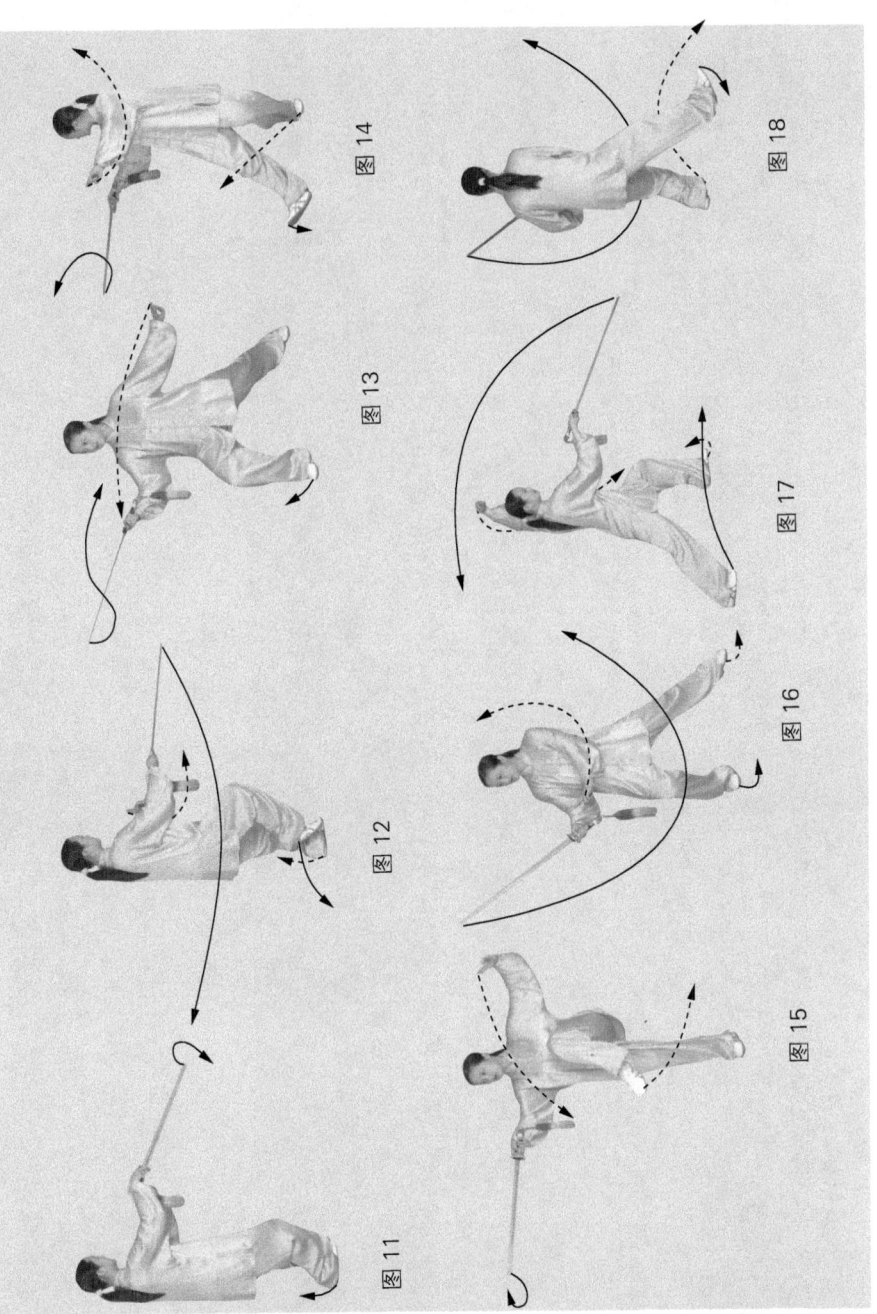

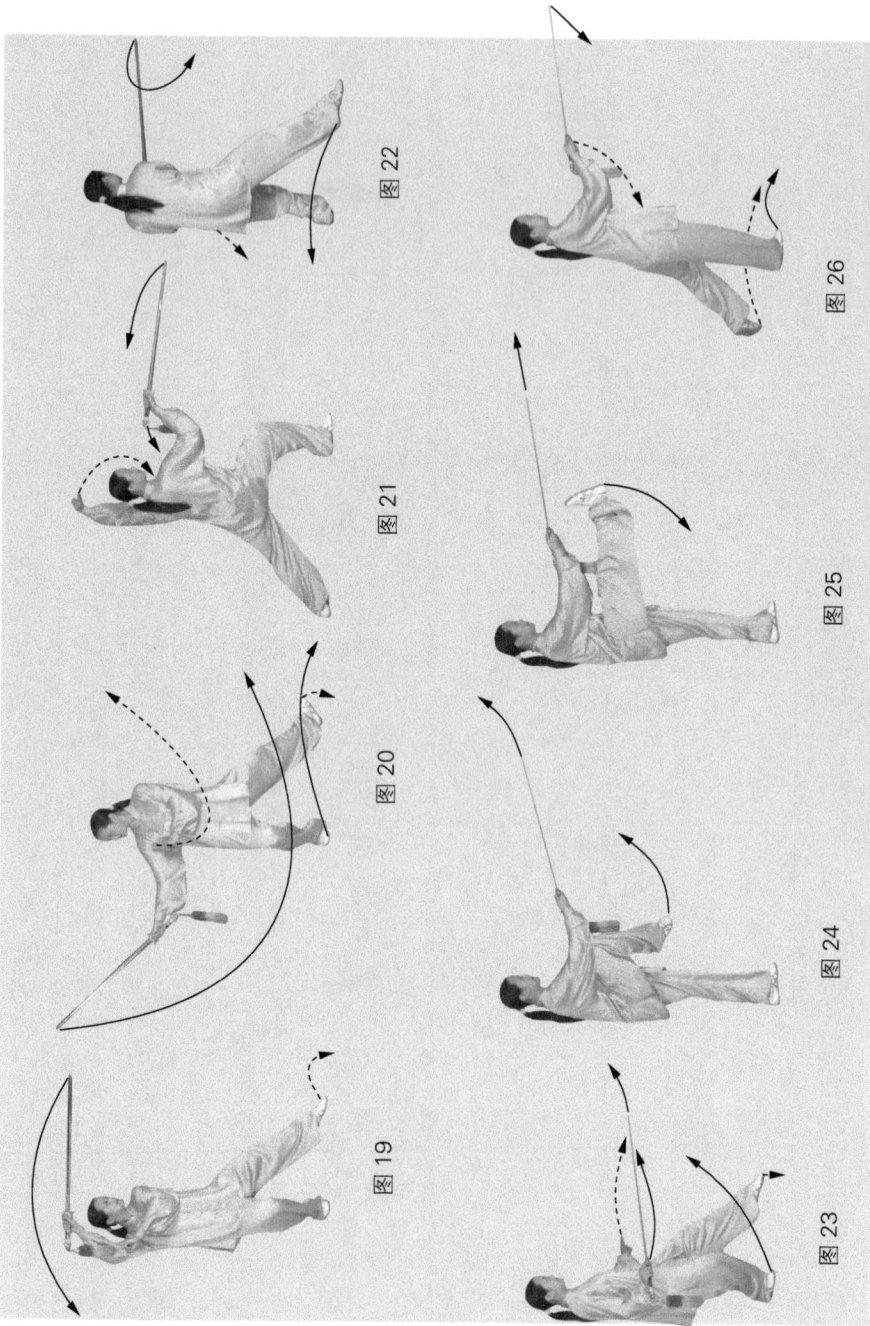

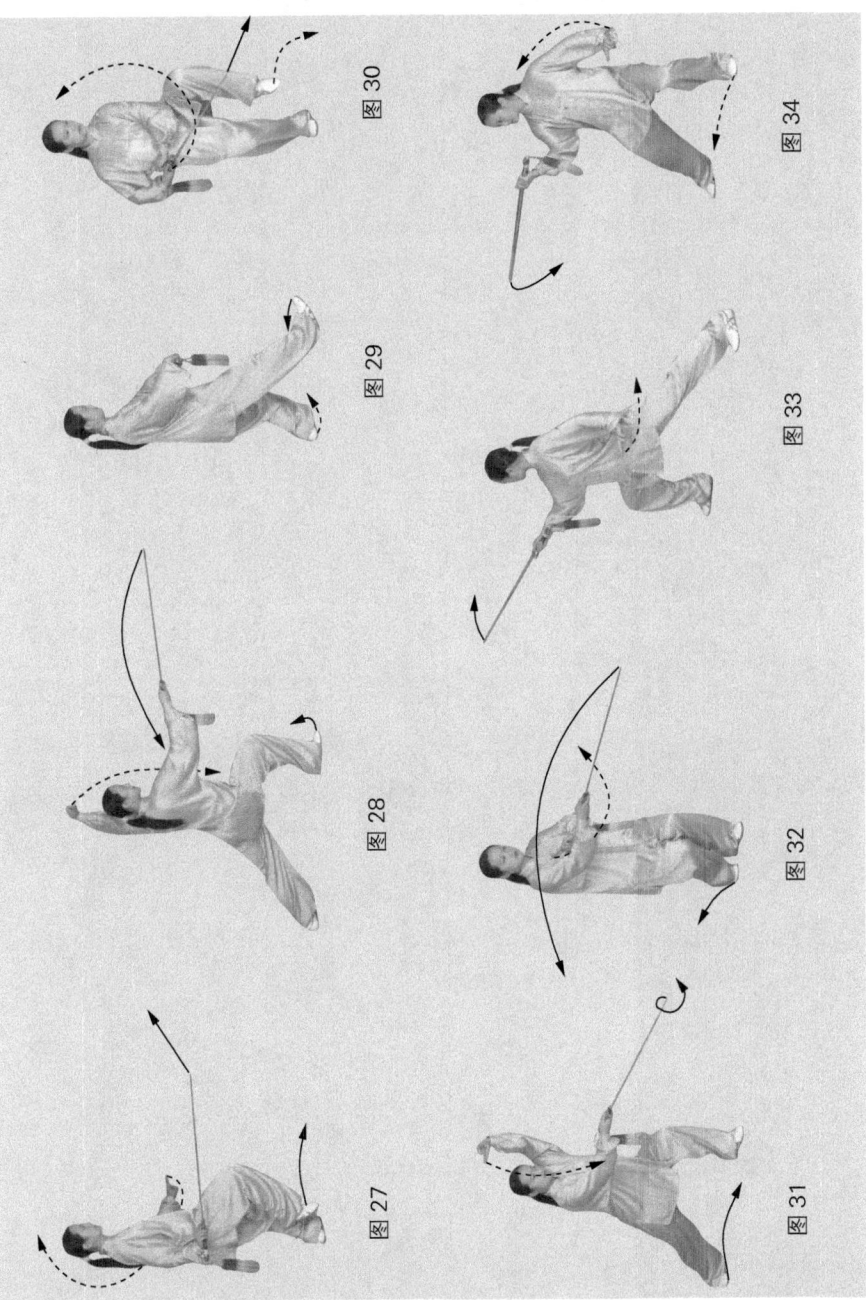

114

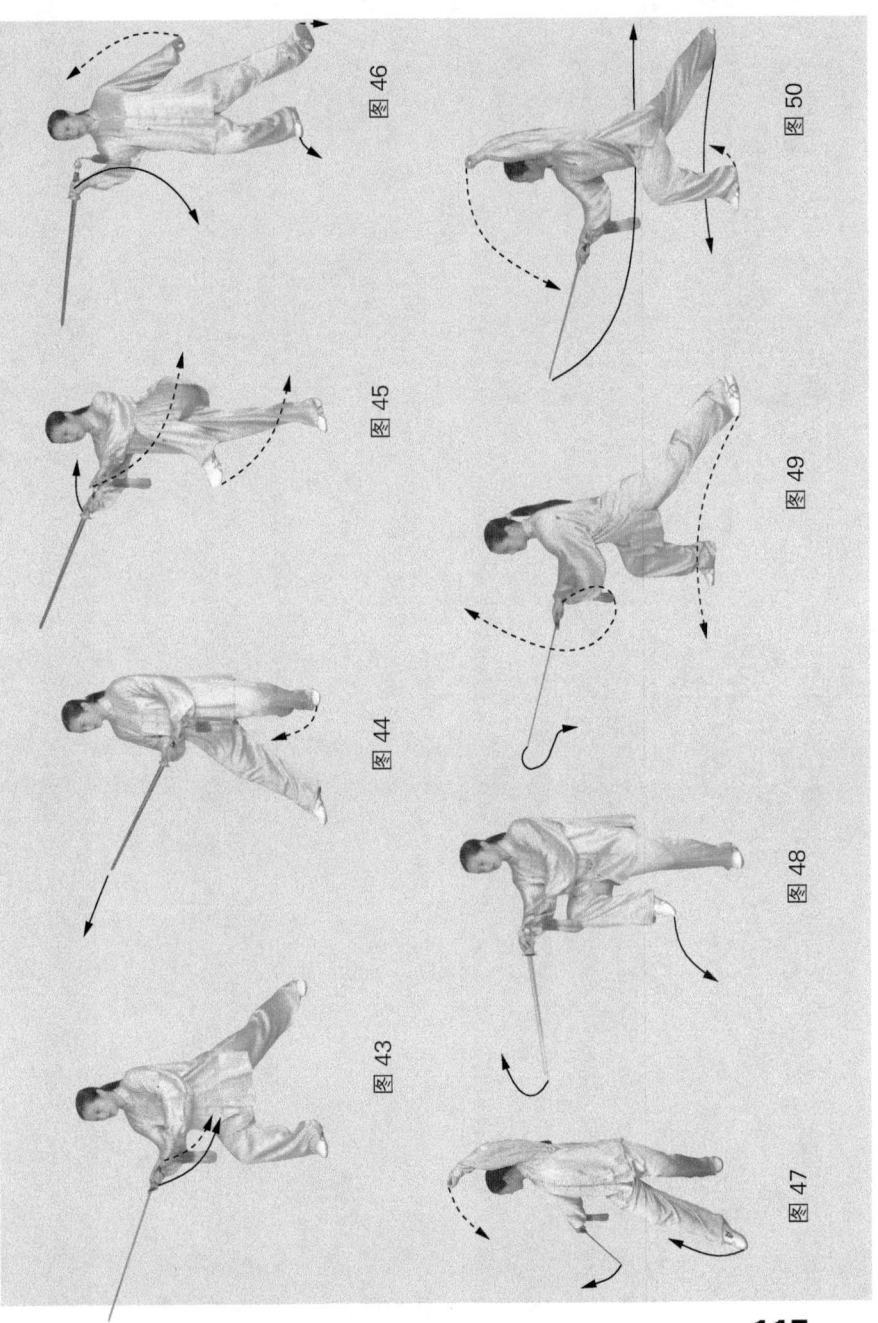

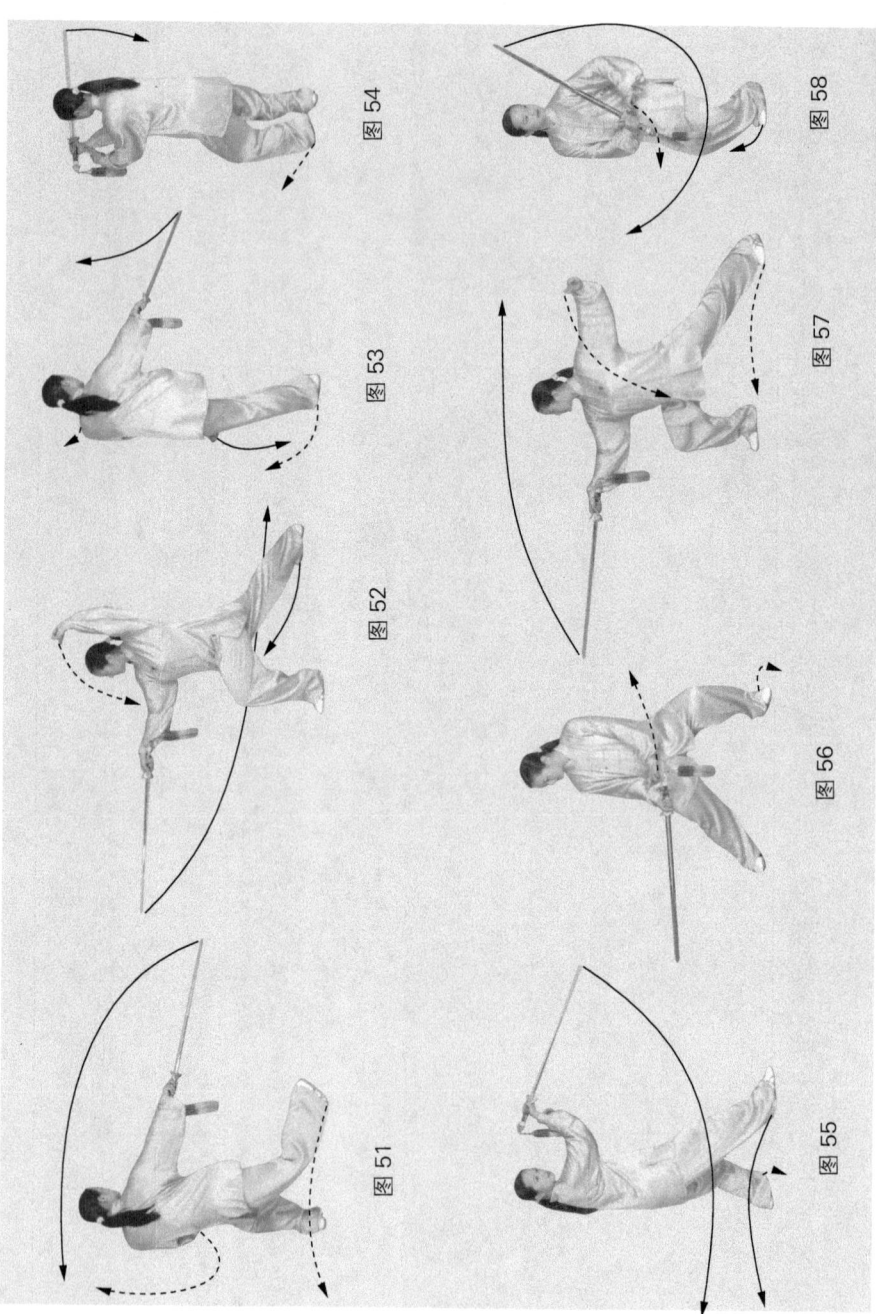

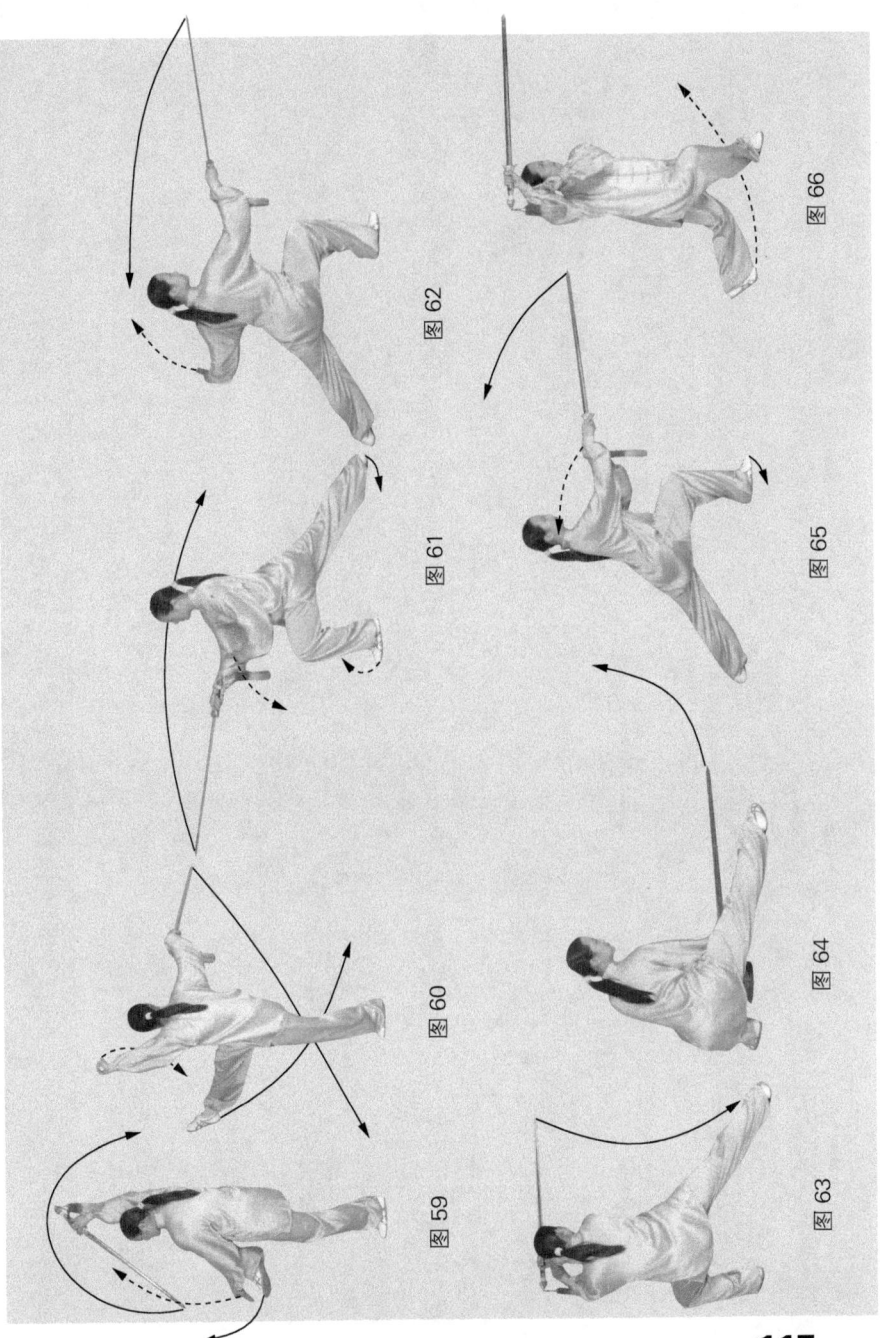

117

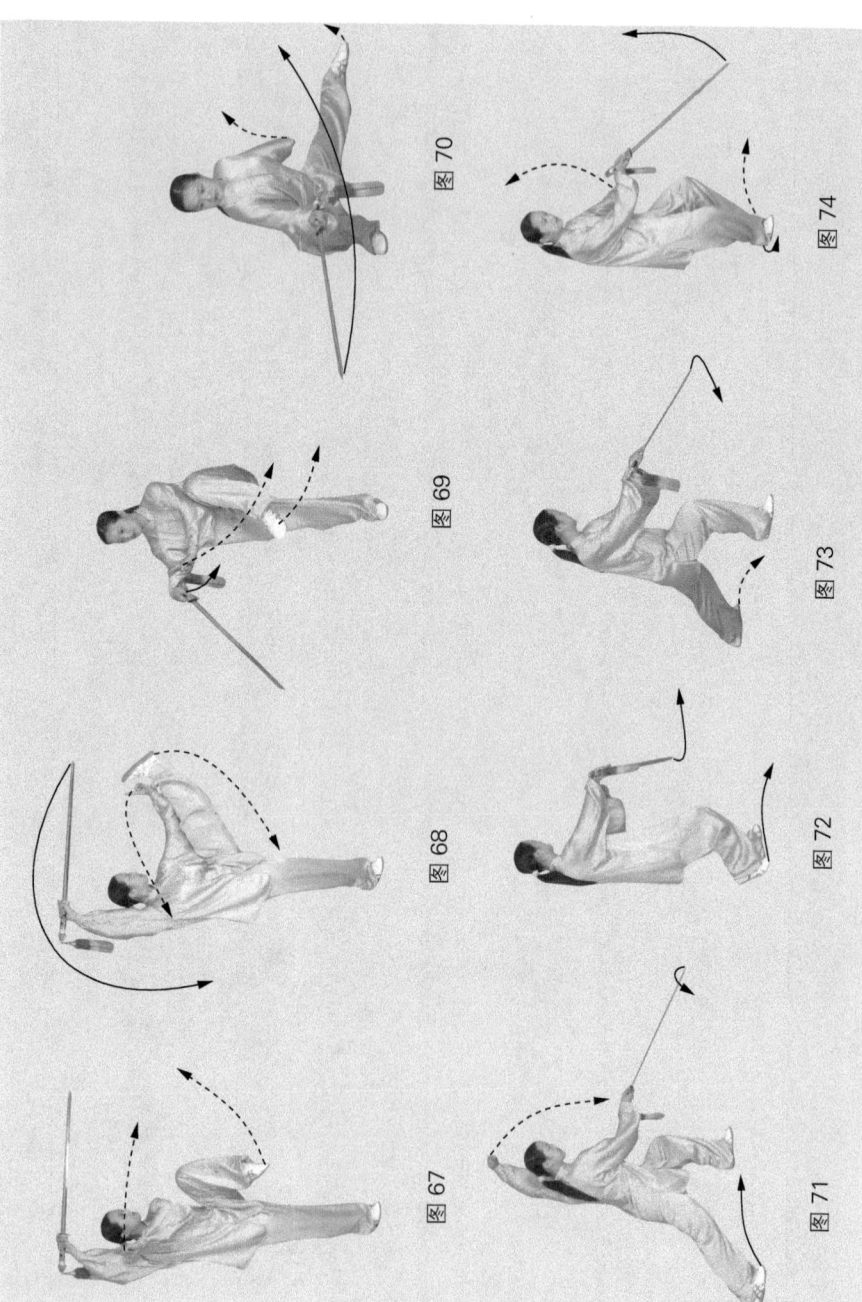

118

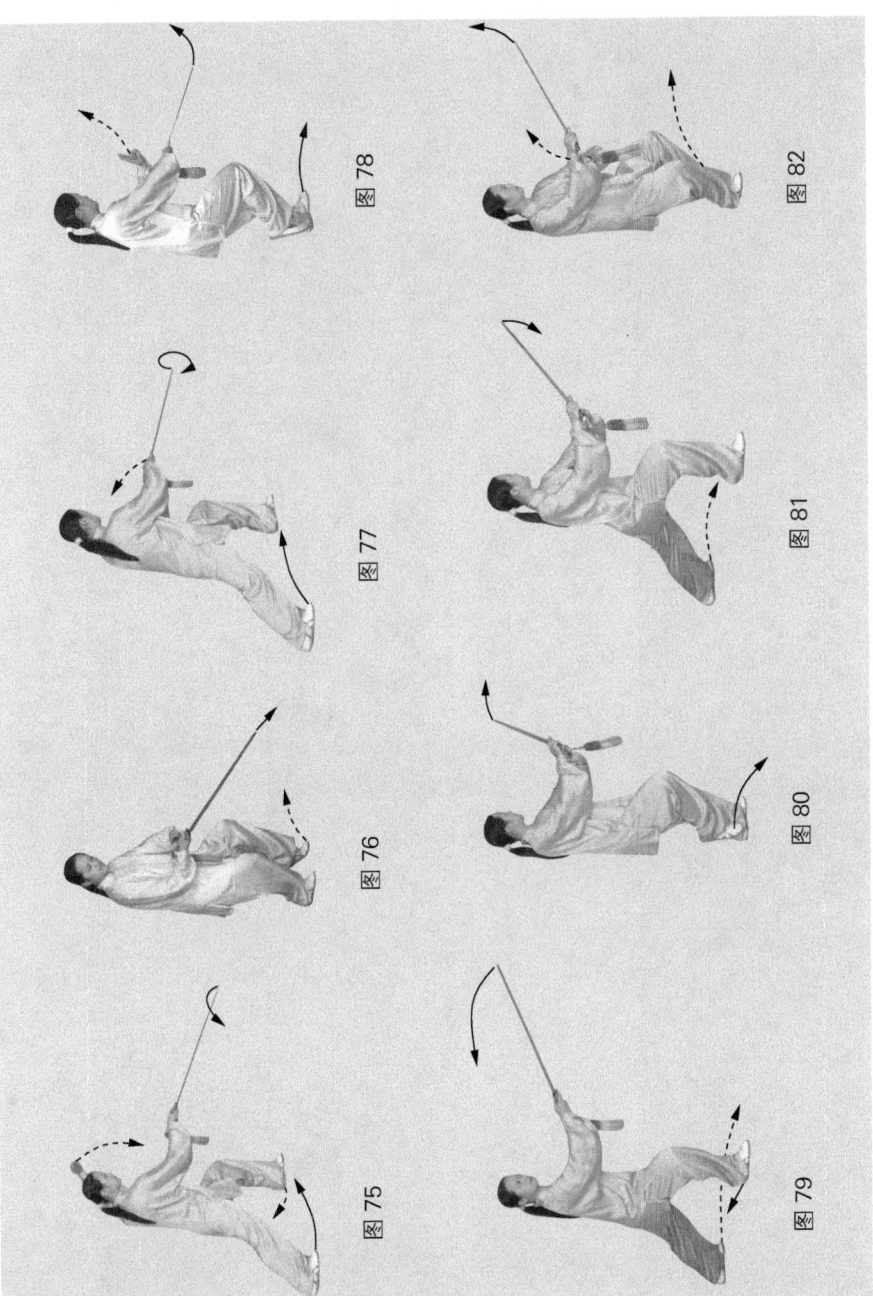

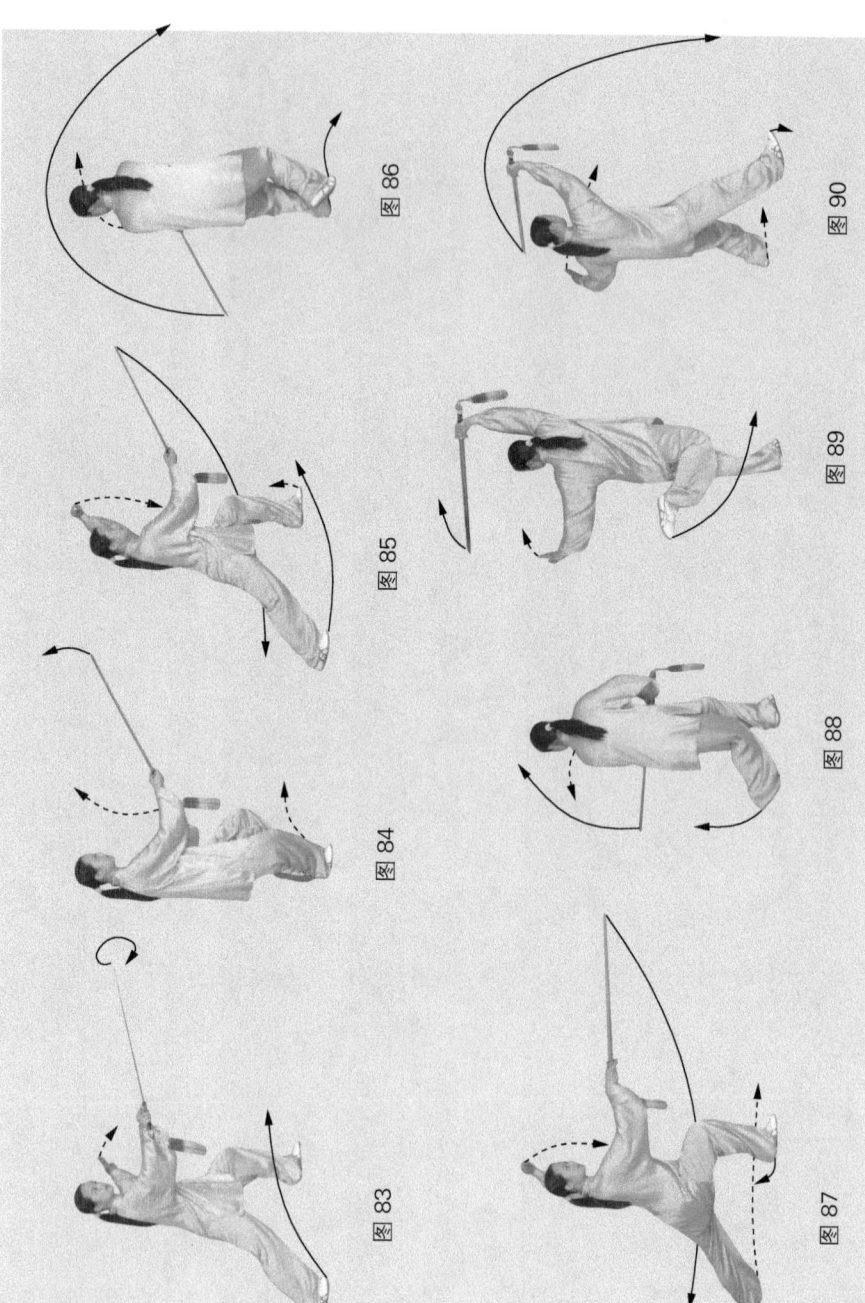

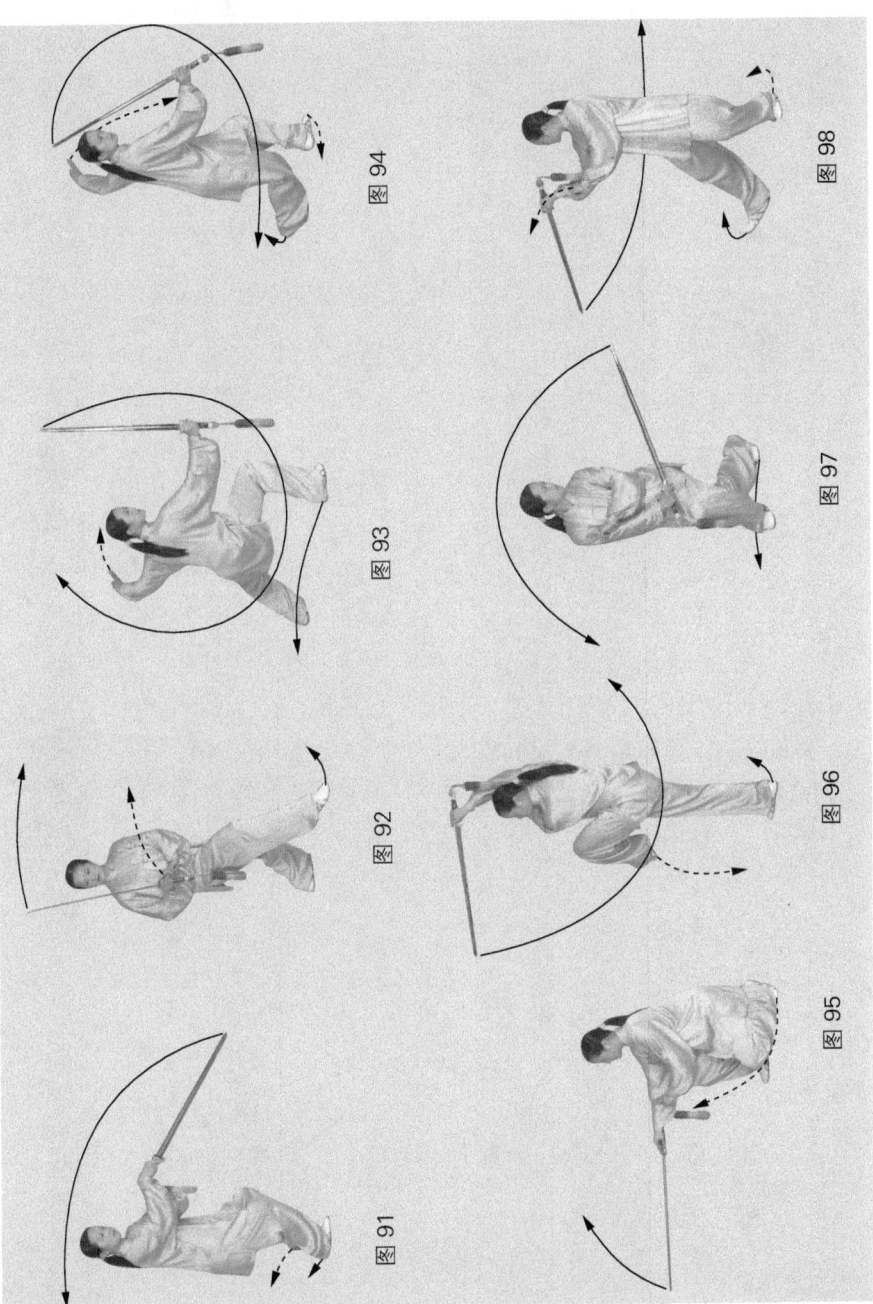

121

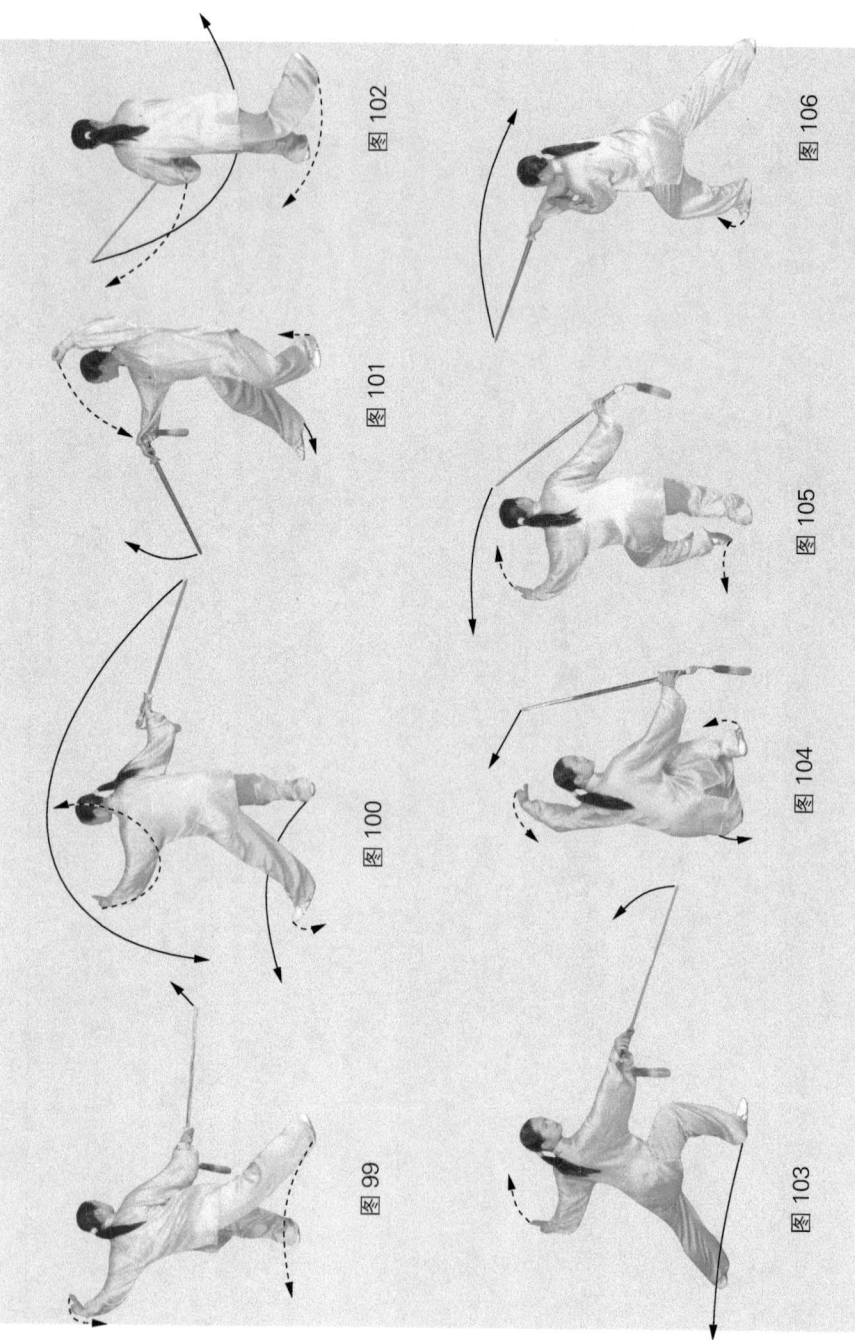

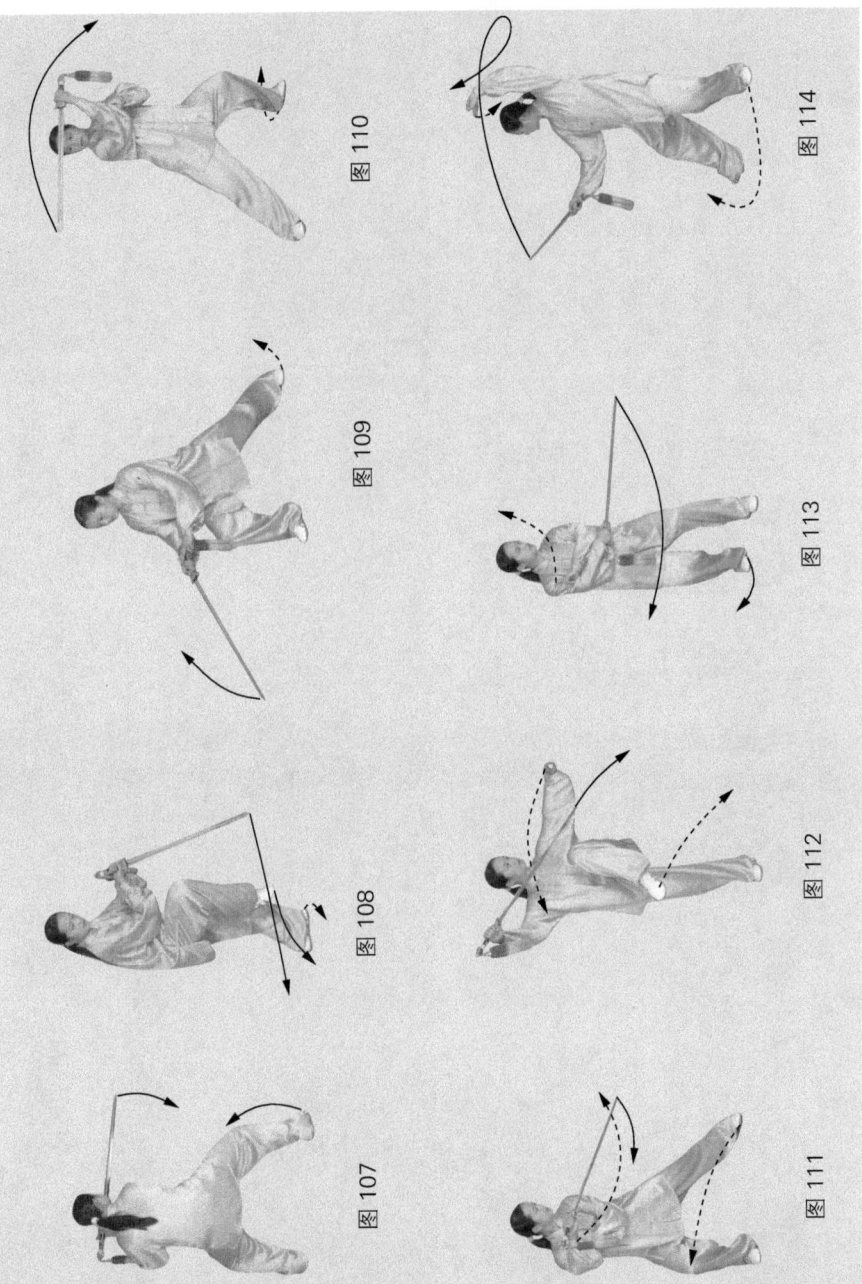

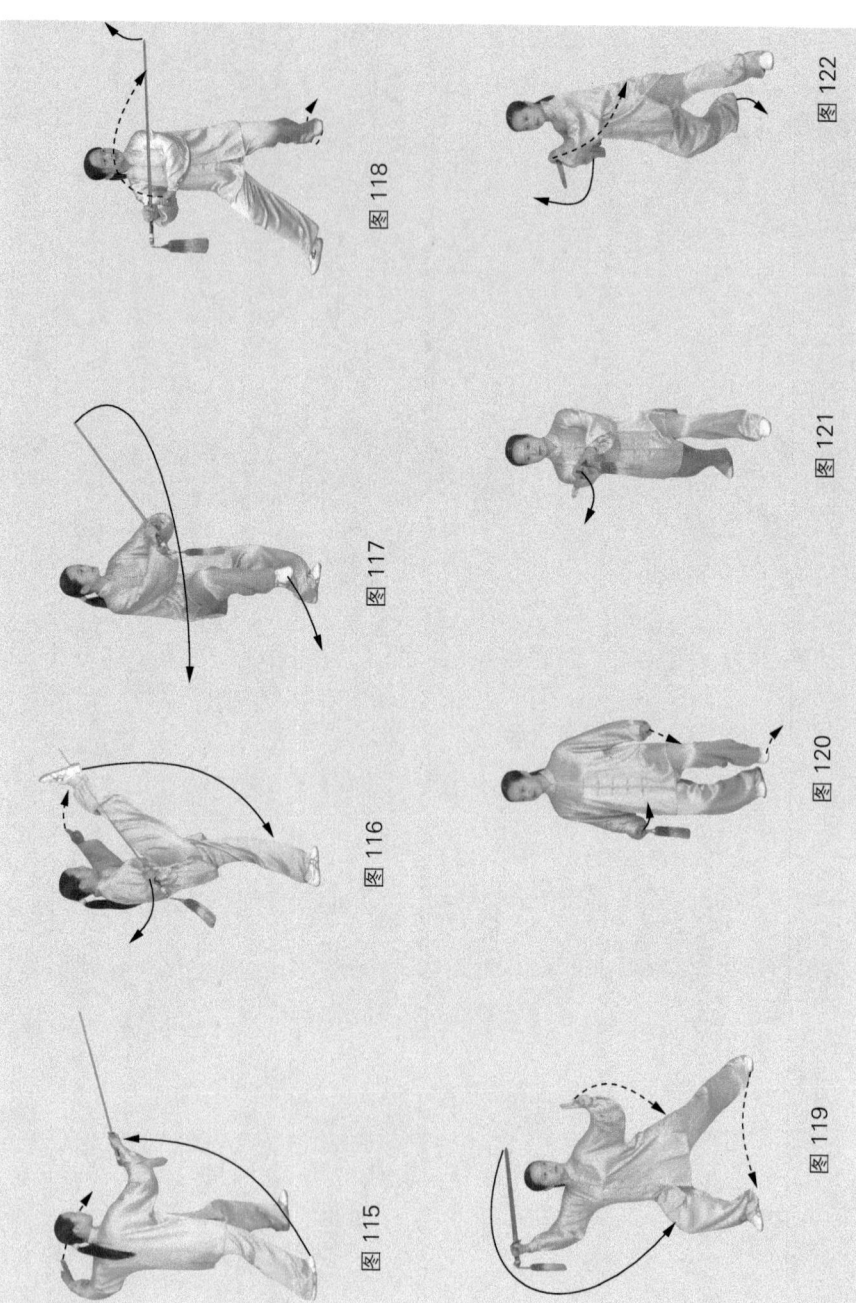

图 115　图 116　图 117　图 118

图 119　图 120　图 121　图 122

124

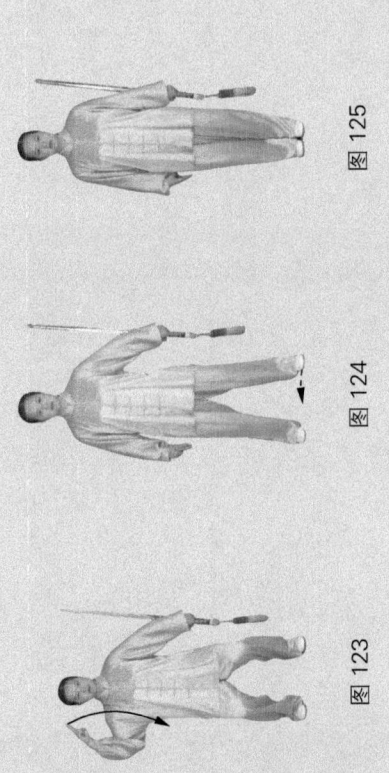

図 123　　　　図 124　　　　図 125

125